袁林旺　主编

地理之友

第 1 辑

图书在版编目（CIP）数据

地理之友 . 第 1 辑 / 袁林旺主编 . -- 南京：南京师
范大学出版社, 2024. 12. -- ISBN 978-7-5651-6677-8

Ⅰ . K9

中国国家版本馆 CIP 数据核字第 2024TV4307 号

书　　名	地理之友（第 1 辑）	
主　　编	袁林旺	
策　　划	姜爱萍	
责任编辑	孙　沁　孙　涛　仝玉林	
出版发行	南京师范大学出版社	
地　　址	江苏省南京市鼓楼区北京西路 72 号（邮编：210024）	
电　　话	（025）83598919（总编办）　　83598009（营销部）	
网　　址	http://press.njnu.edu.cn	
电子信箱	nspzbb@njnu.edu.cn	
照　　排	南京凯建文化发展有限公司	
印　　刷	镇江文苑制版印刷有限责任公司	
开　　本	892mm × 1240mm　1/16	
印　　张	7	
字　　数	200 千字	
版　　次	2024 年 12 月第 1 版	
印　　次	2024 年 12 月第 1 次印刷	
书　　号	ISBN 978-7-5651-6677-8	
定　　价	35.00 元	

出 版 人　张　鹏

卷首语

《地理之友》终于和大家见面了。

《地理之友》是南京师范大学地理科学学院与南京师范大学出版社联袂推出的学术出版物，旨在为全国的地理教师、教研员和大学地理专业师生建立一个崭新的学术与实践交流平台，研究和指导地理教育教学。

《地理之友》依托南京师范大学地理科学学院强大的学术背景与辐射和南京师范大学出版社优秀的编辑团队力量，力争将其办成全国地理教育教学领域最好的出版物。

《地理之友》以开放的文化视野，跟踪地理科学的学术前沿，展示地理文化的魅力。遵循国家课程标准，准确把握课程目标和课程内容，提升学科素养。以先进的教育观念、教学理念和新鲜活泼的教学艺术，引导教学设计，创新学科融合，优化学科评价。

《地理之友》坚持学术性和规范性相统一的方针，坚持专家约稿与自由来稿相结合的组稿思路，坚持编辑精审与专家盲审互补的审稿方式，用第一流的稿件办第一流的出版物。

《地理之友》愿与广大读者建立亲密的良性互动，不断进步，越办越好。

《地理之友》，地理师生的良师益友

汤国安

2024.11.6

目　录 / CONTENTS

现代地理信息技术背景下的中学地理教育变革与展望

沈靖远 [1]　　汤国安 *[2]

（1. 南京师范大学教师教育学院　2. 南京师范大学地理科学学院，江苏 南京　210023）

摘　要： 随着三元世界和信息地理学的提出，现代地理信息理论与技术正在经历前所未有之"大变局"。本文对比了国内外中学地理信息技术教育的发展历史与现状，通过阐述现代地理信息基础理论、技术方法和应用模式的最新进展，揭示了其与观念滞后、浅尝辄止的中学地理信息技术教育之间的"新矛盾"。同时，指出了当前存在教师知识观念与学生兴趣需求不适配、多样化硬件和轻量化软件需求不满足、教材考试内容与核心素养需求不协同等问题，并提出了细化课标内容要求，拓展教材知识案例；科研反哺中学教学，推进软件资源开发；调整职前教师教育，提升教师技术素养等对策与建议。

关键词： 现代地理信息技术；中学 GIS 教育；深度融合；三元世界

近年来，随着信息技术的快速发展，人类已经从传统以"自然—人文"为基础的二元地理空间，进入到一个由自然、人文和信息交织构成的三元世界。[1] 于是，我们习以为常的地理要素二维划分法不再适用，而是转变为综合自然、人文和信息的三维复杂交互体系。[2] 这一转变不仅深刻地重塑了地理学的研究范式，催生出新的研究领域——信息地理学[3]，更是给地理教育带来了前所未有的挑战和机遇。中学地理教育（本文主要指高中）作为地理学的启蒙阶段与基础教育的关键组成，承担着提升学生人地协调观念和素养、培养学生家国情怀和世界眼光等综合育人任务。[4] 因此，中学地理教育内容和方式的与时俱进显得尤为重要。

以地理信息系统（GIS）、全球卫星定位导航（GPS）和遥感（RS）等为代表的地理信息技术兴起于 20 世纪 60 年代的西方国家，是上世纪人类最伟大的成果之一。[5] 经过几十年的发展，现代地理信息技术整合了大数据、人工智能、云计算等新技术方法，已经成为三元世界中联结实体与虚拟、整合多元数据的核心工具，其在资源管理、生态监测、灾害预警、公共服务等越来越多的领域也日益显现出关键作用。《普通高中地理课程标准（2017 年版 2020 年修订）》（以下简称"新课标"）提出，要"充分利用地理信息技术，营造直观、实时、生动的地理教学环境"[6]。然而，当前中学地理教学体系严重滞后于现代地理信息技术的发展与革新，表现为师生观念、教材内容、教学方法、考试评价等方面仍大多维持着传统观念和模式。这不但限制了教育者和受教育者深入探索与思考地理事象的能力，而且难以满足时代对具备现代地理信息素养的人才需求。

在此背景下，如何深入理解现代地理信息技术的科学体系与基本原理，如何正确了解现代地理信息技术的最新进展和发展趋势，如何将现代地理信息理论与方法进行知识重构与教学实现，以及如何在地理课教学中有效运用好地理信息技术方法成为摆在我们面前的现实问题。

---

* 通讯作者

一、中学地理信息技术教育历史与现状

（一）国外地理信息技术教育发展历史

在国际上，将地理信息技术用于中学地理教育已经成为必然趋势。欧美发达国家较早注意到地理信息技术教育的巨大潜力。20 世纪 90 年代之前，随着地理信息技术的兴起，其在大学及研究机构的教学、科研等不同场景中广泛应用。直到 1994 年，美国率先在《生活化的地理：国家地理标准》中明确 GIS 运用于基础教育的重要性[7]，并在 2012 年修订的第二版地理课程标准中再次强调地理教学亟需与地理空间技术深度融合，使学生能够主动地"Doing Geography"[8]。英国在 1996 年颁布的《国家地理课程标准》指出，各个学段的学生要掌握不同程度的地理信息技术，培养学生对地理信息采集、分析、可视化，以及解决地理问题的能力。[9] 德国部分联邦州在 2003—2004 年间将 GIS 纳入课程标准，要求学生学会运用地理信息技术工具分析地理现象和地理原理。挪威的高中地理课程标准明确规定高一年级学生每周学习 2 小时 GIS 课程，以培养学生的空间能力。[10]

中学地理信息技术的渗透与实践不仅体现在国家课程标准中，同时还促生了大量支持性政策和专业软件的涌现。例如，支持性政策方面，美国针对中学生制订了"GIS 教育计划"，并专门设置了"GIS Day"；荷兰也实施了 EduGIS 计划，为中学生提供地理信息技术学习网站和相关课程资料等。专业软件方面，德国 1998 年研发出一款适用于 GIS 教育的软件——Diercke GIS，在当时得到广泛应用；美国 GIS 软件公司研发了大批适用于基础教育的操作简单、功能强大的地理信息技术软件，受到广大师生的青睐，极大推动了地理信息技术的应用和普及。

（二）国内地理信息技术教育发展历史

与发达国家相比，我国地理信息产业虽起步较晚，但得益于国内研究者的不懈努力和创新探索，近 30 年，我国在地理观测、地理信息集成等领域实现了飞速发展，已跃居国际先进水平。尽管如此，地理信息技术在我国基础教育中的推广和应用仍处在起步阶段。

2000 年，我国中学生首次接触和使用国外地理信息技术软件。[11] 2001 年，我国台湾地区开始在高三地理选修课程中进行 GIS 教学，其课时数占整个课程的 60%。[12] 2002 年，美国公司将 K-12 计划引入我国，并与北京、上海等地的中学合作建立"中学现代地理信息系统教学示范基地"[13]。2003年，随着《普通高中地理课程标准（实验）》发布，地理信息技术以官方文件的形式首次纳入高中地理课程体系，标志着中学地理信息技术教育的开端。在之后的 2017 年版高中地理新课标中，进一步强调了中学地理信息技术教育的重要性。这些年来，大批学者围绕理论背景、教学实践等方面探讨地理信息技术融合中学地理教育，相关研究的深广度和普及程度逐渐提升。与此同时，国内越来越多的中学地理教师尝试利用多种地理信息系统软件平台辅助教学，以期更好地发展中学生地理核心素养。

综上，从上世纪末开始，"课程标准化运动"的浪潮推动地理信息技术教育在各国推广与普及。其经历了从高等教育向基础教育延伸、从发达国家向发展中国家拓展、从简单整合向深度融合进阶的过程，预示着中学地理教育步入一个利用现代地理信息技术手段培养地理学习能力、提升地理学习效果的"新时代"。目前，欧美发达国家的地理信息技术教育已经形成了一个涵盖政策支持、技术工具与教育资源的综合体系。相比之下，我国仍存在较大差距，逐渐显现出"新矛盾"，即日新月异的地理信息理论与技术同观念滞后、浅尝辄止的中学地理信息技术教育之间的矛盾。

二、现代地理信息技术进展

（一）关于"3S"技术的新认知

在以往地理教学中，教师和学生习惯将 GPS、GIS 和 RS 三者统称为"3S"技术，并视为地理信息技术的全部或等同。然而，随着数智时代的到来，这种分类方法已经不再适应当前学术和应用发展趋势。

一方面，尽管 GPS、GIS 和 RS 三种技术之间相互关联，但各自在信息采集、空间定位与数据分析等方面的功能特性和应用深度存在本质区别，也就是说，三者并非简单的并列关系，而是构成一个各有侧重、互为补充的复杂体系。另一方面，我们更需要在信息地理学的广阔视野下，重新审视地理信

息技术的理论与方法框架。在这一视阈下，地理信息技术的理论结构和方法架构不再仅仅围绕"3S"技术的独立运作，而是更多地整合大数据、人工智能、空间数据库、虚拟现实等前沿科技，形成一个多维立体的框架，它不仅考虑技术的组合应用，还深入探讨其背后的数据流、信息流，以及它们如何在虚拟与现实世界之间塑造新的地理认知模式和决策支持系统。

此外，需要强调的是，GIS 在所有地理信息技术中起绝对主导作用。GIS 是所有地理信息技术的集成平台和核心处理平台，表现为：第一，数据是 GIS 的"血液"，GIS 对所有数据甄别与遴选功能至关重要；第二，地理模型是 GIS 的灵魂，是支持空间决策的关键；第三，各种时空分析数据的最终结果都需要依托 GIS 平台进行展示。[14] 毋庸置疑，GIS 从最初的地图、语义、时空 GIS，发展到今天的大数据 GIS，已然成为地理学的第三代语言。[15]

（二）地理信息科学新发展

GIS 的发展起源于上世纪 60 年代，1992 年 Goodchild 在此基础上提出地理信息科学（GIScience）[16] 的概念。进入 21 世纪，地理信息科学迎来全面发展，并在解决我国重大需求方面发挥了重要作用，取得一系列成果。地理信息科学的研究内容包括：基础理论、技术系统和应用方法三个方面，它既是

信息科学的重要组成部分，也是信息地理学的重要组成部分。[17] 当今时代，随着技术的集成与创新、数据的开放与共享，时空大数据、深时地球、GeoGPT、全息地图等新概念不断涌现，为地理信息科学领域注入蓬勃活力，引领地理信息理论、技术方法与应用出现前所未有之"大变局"。

1. 地理信息基础理论

在基础理论方面，大量地理研究的物理约束在信息时代得到解除，需要在信息地理学的理论框架中加以求解。信息地理学强调信息要素在三元世界中的映射、传播、转换及其与现实世界的互动机制（图 1）。[18] 地理遥感科学、地理信息科学、地理数据科学是支撑信息地理学的三个核心学科方向。[19] 在新理论框架下，一方面，我国学者提出了全空间地理信息、地理场景学等国际领先的理论概念；另一方面，新一代 GIS 正在逐步构建，它致力于突破传统 GIS 软件依靠地图数字化形成对地表数字化表达，但却无法支撑现代地理学机理过程分析的困难，在"数据—模型—分析"的集成和耦合上形成了自主可控、独具特色的系列关键技术。

2. 地理信息技术方法

地理信息核心技术方法更是层出不穷。① 对数据采集而言，基于传统测量学的实测数据所占的比重已经极低，而遥感数据、地理大数据、网络数据、

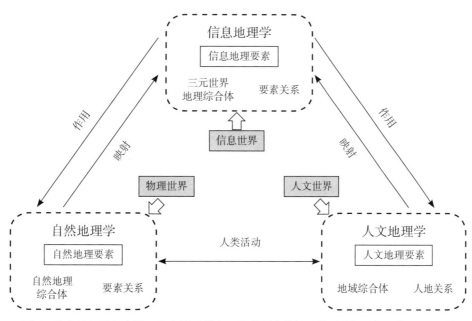

图 1　信息地理学与自然、人文地理学在三元世界中的相互关系（据：间国年 2022 制）

统计分析数据等成为地理信息数据的主体，尤其是"天—空—地"一体化遥感立体观测体系、综合定位技术（包括无线电导航、室内定位导航、光纤光栅传感器定位、量子定位导航等）、物联网和云平台、现代对地观测系统等众多智能化采集方式，使数据采集的质量得到了有效的保障，采集的成本大幅降低。② 对数据分析而言，地理大数据的兴起，结合云计算和人工智能技术，推动了地理数据科学的革新，分析方法从原先的空间分析扩展到地理综合分析和智能分析，从传统统计学转变到深度学习，尤其是深度学习神经网络在遥感影像分析、时空数据挖掘、地理场景理解等方面展现出强大效能，有效解决了数据的复杂非线性关系解析、时空耦合特征识别等问题。③ 对数据表达而言，表达维度从二维、三维扩展到高维，表达方式从平面地图、动态模型扩展为 AR/MR 和全媒体。[20] 在实际应用中，实时地理数据的可视化使得交通管理、灾害监测和社交趋势分析更加便捷高效，全息地图允许用户以三维和互动的方式探索地理与空间数据，数字孪生技术通过创建实体或系统的数字副本实现实时监测、分析、仿真和预测。

3. 地理信息应用模式

地理信息服务也出现了新业态，正构建起覆盖智慧城市管理、环境监测、灾害应对、资源管理以及社会经济分析等多元化应用场景。例如，在智慧城市场景中，通过对城市中的人员流、物质流、能量流、信息流的有效配置，实现城市规划和管理的智慧化转型；在可持续发展领域，遥感与地理大数据的综合运用，为全球环境监测、资源管理及气候变化应对提供了科学支撑；在智能决策支持方面，借助地理大模型与深度学习，大幅提升了复杂地理问题的分析与预测能力，为决策者提供了更为精准的辅助工具。

三、中学地理信息技术教育需求与问题

由于篇幅限制，上文简要地介绍了现代地理信息科学正在经历的前所未有之"大变局"，我们不难察觉到，地理信息新理论、新技术正以势如破竹之姿重塑各个领域的面貌，而中学地理教育则亟需根据这样的新形式做出积极的适应与拓展（图2）。

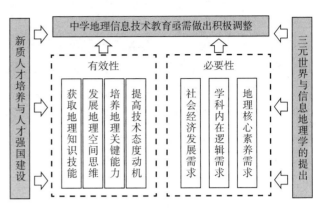

图2 现代地理信息技术教育的有效性与必要性逻辑框架

（一）地理信息技术教育的有效性与必要性

中学地理信息技术教育的首要问题是回答"为什么"，即中学地理教育为什么需要地理信息技术融入。该问题的根本在于地理信息技术教育的"有效性"。教育部部长怀进鹏指出："世界各国都在积极行动，把数字教育作为应对危机挑战、开启光明未来的重要途径和举措……充分发挥数字技术带来的教育红利。"[21] 地理教育的目标始终是培养能够以地理视角看待和解决问题，具备全球视野、环境意识和可持续发展能力的公民。[22] 已有大量实证研究证明，地理信息技术对帮助学生获取地理知识技能[23-25]、发展地理空间思维[26-27]、培养地理关键能力[28]、提高技术动机与态度[29] 等方面具有教育潜力。这表明地理信息技术教育不仅是地理教育的重要组成，更是实现地理教育目标、培养具备地理核心素养与关键能力的未来公民的重要媒介。

其次，目前存在的"新矛盾"，迫切需要将中学地理教育与现代地理信息技术的飞速发展接轨，即回答"必要性"的问题。第一，地理信息技术已成为形成新质生产力、推动社会经济发展的核心力量之一，中学地理教育主动地适应现代地理信息技术发展，能够培养学生的前瞻视野，激发学生的创新意识，为社会经济持续健康发展输送新质后备人才[30]；第二，这也是学科内在逻辑发展的必然趋势，现代地理信息技术的发展实质上是对地理学综合性与区域性的技术强化，它在横向上实现地理学跨学科、跨领域的交叉融合，在纵向上引导人类深入探索地理学的核心议题——人地关系地域系统[31]。在三元世界背景下，地理教育与现代地理信息技术的融合，

不仅是方法的革新，更是与学科发展紧密结合的体现，从根本上提升地理教学的深广度；第三，现代地理信息技术以其强大的数据处理、空间分析及可视化能力，为学生提供了探究真实世界复杂地理问题的高效工具和创新思维平台，成为当代学生学习地理知识技能与提升地理核心素养之间的必然桥梁。

（二）现实需求与痛点问题

1. 地理信息理论技术更新迭代，造成教师知识观念与学生兴趣需求的不适配

教师自身的数字胜任力是提升地理教学信息化、数字化的关键，但我国教师的地理数字胜任力普遍较低。一方面，由于客观条件限制，我国大部分师范教育课程体系中地理信息科学的比重和要求较低，导致教师在职前就缺少对地理信息理论和技术的基础性、系统性的掌握，再加上职中工作时间的广延或工作内容的繁琐，教师难以有时间和精力花费在最新理论和技术方法的学习上；另一方面，在主观上，有部分中学教师经过长期经验积累形成了自身教学的"舒适圈"，不愿意适应新理念或尝试新方法，还有部分愿意接受和尝试新理论方法的教师，却发现不知从哪里找资源，以及从何处开始学起。

然而，中学阶段学生的认知处在形式运算阶段，抽象思维与逻辑思维迅速发展成熟。在数智时代背景下，他们拥有多途径的信息接触方式和高信息接触度，极易对前沿的、新颖的地理信息理论与技术产生好奇和兴趣。因此，教师不重视知识观念更新与学生兴趣需求增加之间矛盾的出现，要求我们站在新质人才培养和人才强国建设的立场上，重新思考职前教育改革、教师观念转变、资源平台建设等问题。

2. 地理课堂与教学数字化转型，导致多样化硬件和轻量化软件需求的不满足

配套的硬件和软件是地理课堂与教学数字化转型的基础。在全国范围内，仍有大量的中学计算机、多媒体设备老旧，其设备性能无法满足地理信息软件的正常安装运行。随着 AI 辅助教学、VR 虚拟教学、360° 实景教学等新教学方式的不断涌现，对硬件设备提出更加多样化的需求，进一步加剧了与中学数字化硬件设施落后之间的矛盾。

与此同时，硬件设施的性能不适配也在一定程度上反映出对轻量化地理信息软件的需求。现有的国内外 GIS 软件由于其系统操作的复杂性和专业性，对于一线地理教师而言，往往一节 40 分钟利用软件辅助的、设计巧妙的课需要教师提前一两个月进行准备，其学习与使用成本过高。教师要有充分的地理信息科学专业知识基础与实践操作能力，才能确保地理信息技术教育不仅仅停留在浅层。对学生而言，即使在教师的指导下短暂地使用了某些 GIS 空间分析工具，但也较难理解背后涉及的基本原理，导致地理信息技术教育的育人初衷无法充分实现。可以毫不夸张地说，适用于中学的轻量化地理信息软件的缺失，是限制地理信息技术走向中学地理教育的最大障碍。

3. 地理实践力培育的价值提升，带来教材考试内容与核心素养需求的不协同

地理教材和学业考试是提升学生地理信息素养和实践能力最直接的载体。新课标对学生的素养和实践能力提出了更高的要求，这与教材内容及考试评价体系未能有效协同。对教材内容而言，五版本高中地理教材中虽然都有涉及地理信息技术的内容，但不同版本教材之间地理信息技术融合的深度和广度差异明显。普遍存在的问题是教材多侧重于地理信息技术的基本概念与理论框架讲解，缺少对学生创新思维和实践能力培养的引导，以及对最新技术应用案例的介绍。

对考试而言，近年来，高考及其他试卷中关于地理信息技术的考题数量呈现增长趋势，但大多数考题仍停留在"该选择哪种技术""某种技术发挥的作用"等浅层水平的选择题。而这类题目在现代地理信息技术飞速发展的背景下，往往容易出现科学性问题。例如："在手机导航 APP 中，发挥最重要作用的是：A. 地理信息系统；B. 遥感系统；C. 北斗卫星定位系统；D. 通信网络。"该题的预设答案是 C，然而，北斗卫星提供用户定位坐标，导航 APP 可以不是针对用户本身去向的导航，而是从一地到另外一地的一般路径规划，这便是 GIS 的功效；很多导航 APP 都具备将遥感影像作为背景的功能；无线通信网络是各种数据信息传输的根本保证。因此，该题四个选项都是现代导航 APP 中不可或缺的组成部分。

四、对策与建议

信息技术与教育之间的关系已从"简单整合"走向"深度融合"。深度融合的本质是实现教育系统的结构性变革，最终落实到课堂教学结构的变革。[32] 现代地理信息技术日新月异的发展使得地理教育产生新需求、出现新问题，呼吁教育领域采取应对措施。我国中学地理信息技术教育想要突破"新矛盾"，缩小与发达国家之间的差距，真正实现技术与教育的深度融合，需要一场从顶层设计到课堂教学的系统性革新，这其中涉及政策、课标、教材、教师、资源、软件等。

（一）细化课标内容要求，拓展教材知识案例

课标是国家课程的纲领性文件，也是编写教材和考试命题的依据。新课标在基本理念、课程结构、内容要求等多处提到地理信息技术的运用，进一步修订应在此基础上明确地理信息技术的学习目标、核心能力要求及具体技能指标。确保课标要求既能涉及基础理论，也能涵盖操作技能启蒙，还能反映最新技术趋势。教材编写团队应加强现代化教材与学材的开发，密切跟踪地理信息技术领域的最新研究成果与应用案例。同时打造纸电互补的新型教材，为学生的地理信息技术实践增设操作指南，增强互动性和可操作性。此外，考试题型应向情景化、应用化转变，设计更多基于真实世界情境的、开放性和探究性题目，鼓励学生展现批判性思维和创新能力。

（二）科研反哺中学教学，推进软件资源开发

我国高校地理信息科学教育已形成较为完善的体系，应鼓励高校和科研机构的研究者与中学教师合作。例如，通过基础教育虚拟教研室等形式定期交流学术动态，确保中学地理信息技术教学内容与前沿科技同步。中学地理信息教学资源建设也至关重要，开发适用于中学地理教学的 GIS 案例有助于教师在课堂教学设计中借鉴学习。此外，支持跨学科团队开发适合中学生使用的简化版 GIS 软件。首先，尽可能跳出"GIScience"的固有思维习惯，功能模块以中学生综合认知视角来关联和命名；其次，尽可能考虑学生年龄特点和兴趣增长空间，重在 GIS 的科学体验和育人价值，而非大学先修课程；最后，尽可能提供多元数据获取通道、简洁化操作体验和可视化呈现方式。

（三）调整职前教师教育，提升教师技术素养

教师自身素质是开展地理信息技术教学的前提条件。一方面，职前教育阶段，高校应重视师范生地理信息软件应用技能的培养，适当增加地理信息实验课与前沿课的比例，注重理论与中学教学实际结合，并将考核重心从地理信息基础理论转向实践技能；另一方面，在职教师应充分意识到，地理信息技术融合地理教育是必然趋势，只有主动寻找学习资源、积极参加培训、广泛开展合作研究，才能提高教师自身的地理信息素养，深化地理信息技术教育内涵，才能更好地将技术与教学深度融合，推动数智时代下课堂教学结构的变革。

参考文献：

[1] 周成虎. 全空间地理信息系统展望[J]. 地理科学进展，2015，34（2）：129-131.

[2] 俞肇元，袁林旺，吴明光，等. 地理学视角下地理信息的分类与描述[J]. 地球信息科学学报，2022，24（1）：17-24.

[3] 李新，郑东海，冯敏，等. 信息地理学：信息革命重塑地理学[J]. 中国科学：地球科学，2022，52（2）：370-373.

[4] 王建，张昊，邬愉婷，等. 中学地理课不宜改为地球科学课[J]. 地理学报，2023，78（12）：3161-3171.

[5] 李德仁. 论 21 世纪遥感与 GIS 的发展[J]. 武汉大学学报（信息科学版），2003（2）：127-131.

[6] 中华人民共和国教育部. 普通高中地理课程标准（2017年版 2020 年修订）[M]. 北京：人民教育出版社，2020.

[7] Bednarz S W. Geography for Life: National Geography Standards[S]. Washington, D.C.: National Geographic Society, 1994.

[8] 龚倩. 美国《生活化的地理：国家地理课程标准（第二版）》探析[J]. 地理教学，2016（12）：54-55.

[9] 周顺心. 英国中小学的 GIS 教学[J]. 首都师范大学学报（自然科学版），2004（S1）：151-154.

[10] Rød J K, Andersland S, Knudsen A F. Norway: National Curriculum Mandates and the Promise of Web-Based GIS Applications[M]//Milson A J, Demirci A, Kerski J J. International Perspectives on Teaching and Learning

with GIS in Secondary Schools. Dordrecht: Springer Netherlands, 2012: 191-199.

［11］刘忠林 . 地理信息技术在中学地理教学中的应用研究［D］. 东北师范大学, 2012.

［12］段玉山 . GIS 辅助地理教学经典案例［M］. 湖南：湖南教育出版社, 2016.

［13］丁琳 . GIS 辅助中学地理教学研究［D］. 华东师范大学, 2011.

［14］汤国安 . 地理信息系统教程（第二版）［M］. 北京：高等教育出版社, 2019.

［15］胡最, 汤国安, 闫国年 . GIS 作为新一代地理学语言的特征［J］. 地理学报, 2012, 67（7）: 867-877.

［16］Goodchild M F. Geographical information science［J］. International Journal of Geographical Information Systems, 1992, 6（1）: 31-45.

［17］闫国年, 汤国安, 赵军 . 地理信息科学导论［M］. 北京：科学出版社, 2019.

［18］闫国年, 袁林旺, 俞肇元 . 信息地理学：地理三元世界的新支点［J］. 中国科学：地球科学, 2022, 52（2）: 374-376.

［19］李新, 袁林旺, 裴韬, 等 . 信息地理学学科体系与发展战略要点［J］. 地理学报, 2021, 76（9）: 2094-2103.

［20］闫国年, 袁林旺, 陈旻, 等 . 地理信息学科发展的思考［J］. 地球信息科学学报, 2024, 26（4）: 767-778.

［21］怀进鹏 . 数字变革与教育未来［N］. 中国教师报, 2023-02-15: 1.

［22］张建珍, 段玉山, 龚倩 . 2016 地理教育国际宪章［J］. 地理教学, 2017（19）: 4-6.

［23］Shin E Kyung. Using Geographic Information System（GIS）to Improve fourth Graders' Geographic Content Knowledge and Map Skills［J］. Journal of Geography, 2006, 105（3）: 109-120.

［24］Hofierka J, Gallay M, Supinsky J,et al. A Tangible Landscape Modeling System for Geography Education［J］. Education and Information Technologies, 2022, 27（4）: 5417-5435.

［25］Mathews A J, Dechano-cook L M, BLOOM C. Enhancing Middle School Learning about Geography and Topographic Maps Using Hands-on Play and Geospatial Technologies［J］. Journal of Geography, 2023, 122（5）: 115-125.

［26］Lee J, Bednarz R. Effect of GIS Learning on Spatial Thinking［J］. Journal of Geography in Higher Education, 2009, 33（2）: 183-198.

［27］Jo I, Hong J E. Effect of Learning GIS on Spatial Concept Understanding［J］. Journal of Geography, 2020, 119（3）: 87-97.

［28］马倩怡 . 地理信息技术对学生地理关键能力影响的有效性评估与干预研究［D］. 上海：华东师范大学, 2024.

［29］Baker T R, White S H. The Effects of GIS on Students' Attitudes, Self-efficacy, and Achievement in Middle School Science Classrooms［J］. Journal of Geography, 2003, 102（6）: 243-254.

［30］祝智庭, 戴岭, 赵晓伟, 等 . 新质人才培养：数智时代教育的新使命［J］. 电化教育研究, 2024, 45（1）: 52-60.

［31］吴传钧 . 论地理学的研究核心——人地关系地域系统［J］. 经济地理, 1991（3）: 1-6.

［32］何克抗 . 如何实现信息技术与学科教学的"深度融合"［J］. 教育研究, 2017, 38（10）: 88-92.

基金项目：教育部地理科学国家一流专业建设项目。国家自然科学基金项目（42442074）。

"着地"学地理育人方式创新实践

相　炜[1]　李慎中[2]

（1. 山东省临沂市教育科学研究院　2. 山东省临沂第一中学 临沂　276000）

摘　要：“着地”是对地理学科“怎样培养人”问题的回应。“着地”学地理以“走向‘田野’、加强实践学习”为支点驱动学科育人方式变革，立足乡土空间构建并开发地理特色课程群，以学科实践为支撑创生核心素养导向的学习方式，研制以核心素养测评为目标的循证评价体系。在实践层面，“着地”学地理因循“做中学—学中悟—悟中创”的路径实现知识学习方式的翻转，形成了“乡土＋单元、乡土＋主题、乡土＋五育”的课程范式，创建了理论与实践相互支撑、彼此融通的实施模式。“着地”学地理可为高中地理育人方式改革提供借鉴。

关键词：着地；学科实践；乡土＋；做中学；田野

国务院办公厅《关于新时代推进普通高中育人方式改革的指导意见》提出：改进科学文化教育，统筹课堂学习和课外实践，培养学生创新思维和实践能力，提升人文素养和科学素养[1]。地理实践是支持学生地理学科核心素养发展的重要手段[2]，是培育地理学科核心素养的重要学习方式。《普通高中地理课程标准（2017 年版 2020 年修订）》指出：根据学生地理学科核心素养形成过程的特点，科学设计地理教学过程，引导学生通过自主、合作、探究等学习方式，在自然、社会等真实情境中开展丰富多彩的地理实践活动。[2]加强地理实践，是改革学科育人方式、促进学生全面而有个性发展的重要路径，也是构建五育融合育人体系，落实立德树人根本任务的基本要求。本文针对传统地理教学实践缺失的弊端，通过对"着地"学地理课程的分析，阐述如何从具体课程入手加强学科实践，推进学科育人方式改革。

一、缘起：传统地理教学的现实困境

"着地"学地理是针对传统地理教学囿于教室、止于教材提出的，着力解决当前高中地理教学中存在的突出问题。

（一）教学空间封闭，学生实践能力缺失

传统地理教学囿于教室，师生靠书本和地图讲地理、学地理，地理原理、规律演化成机械的结论，失去了知识的来源。"纸上谈兵"式的地理学习因缺少感知、体验和生成，学生熟于"解题"却不能"解决问题"。

（二）教学方法机械，学生创新素养不高

传统地理教学陷入应试的泥沼，围绕书本死记硬背和机械刷题的倾向突出，教学测评追求答案的标准化、模板化，学生缺乏自己的理解、创造和发现，限制了发散、聚合、逆向、直觉、辩证和批判性思维的发展。

（三）实践活动缺失，学科育人价值弱化

传统地理教学以"说教"的形式灌输学科价值观，缺少"落地"的行为体验，因地制宜、人地协调、可持续发展等地理观念无法转化为看得见、触得着、可评价的真实行为。以知识为中心的地理教学使得智育独大、德育弱化、体美劳少有融合。"五育失衡"不能促进学生的全面发展，也难以满足个性化发展的需求。

"着地"学地理以"走向田野的地理教育"为指

引，让学生在自然、社会大课堂中，通过观测、考察、调查、实验等学科实践活动发现、探索和解决现实中的地理问题。"着地"学地理基于实践、通过实践、为了实践，使"做中学"真正成为地理学习的基本方式，重塑更具学科特质的实践育人新模式。

二、溯源："着地"学地理的基本主张

（一）地理核心素养是"培养什么人"的学科"画像"

学科育人价值指向学科"培养什么人"的问题，是"有理想、有本领、有担当的时代新人"这一培养目标在学科领域的反映。学科核心素养是学科育人价值的集中体现，是立德树人根本任务在学科领域的落实，是"培养什么人"的学科"画像"。

地理学科育人价值是通过地理核心素养的培养，从地理教育的角度落实立德树人根本任务。高中地理核心素养与其上位目标之间的关联（见图 1）。

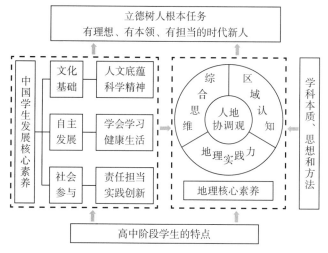

图 1　高中地理核心素养与其上位目标之间的关联

（二）"着地"学地理是对学科"怎样培养人"的回应

学科知识只有与实践相融通，才能体现它的素养内涵，反映学生真实的价值观念、必备品格和关键能力。因此，"着地"学地理以学科"怎样培养人"为起点，从传统的学科认识转向学科实践，构建以"田野调查"为中心的学科育人体系，创新学科育人方式，提升学科育人质量。以实践为中心的"着地"学地理育人体系（见图 2）。

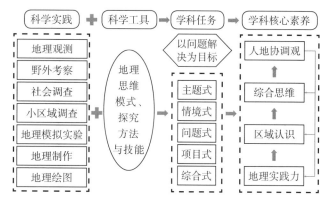

图 2　以实践为中心的"着地"学地理育人体系

（三）"着地"学地理指向核心素养的生成和发展

"着地"学地理以"加强地理实践"为突破口创新学科育人方式，使课程、教学、评价都围绕核心素养组织和实施，最终指向核心素养的生成和发展，具体而言体现在以下三个方面。

首先，从"为什么教、为什么学"出发，"着地"学地理为发展核心素养而教。核心素养体现了地理学的本质，是地理课程独特育人价值的集中反映。"着地"学地理深入学科本质，以基于真实体验的地理实践活动为主线，将蕴含区域认知、综合思维、人地协调观的"问题解决"纳入其中，最大限度地把核心素养整合到学生的认识世界，融入学生灵魂。

其次，从"教什么、学什么"出发，"着地"学地理以核心素养统领课程内容及结构。"着地"学地理以核心素养为指引选择课程内容，构建以主题、项目或活动为线索的课程结构：以地理实践活动为载体，引领学生运用学科工具从区域视角认识地理背景，用综合思维的方法分析问题成因，以人地协调观为指导解决现实地理问题。

再次，从"怎么教、怎么学"出发，"着地"学地理重塑实践育人新模式。地理核心素养是相互联系的有机整体，这就要求教学中要将人地协调观、区域认知、综合思维、地理实践力融通培养。"着地"学地理以观察、考察、调查、研学、设计、操作等"做中学"的形式，驱动学生在亲历、体验、探究、发现和创造中获取知识和解决问题，并在此过程中形成和发展地理核心素养。

三、重构："着地"学地理育人新体系

"着地"学地理从"走向田野的地理教育"的思

想出发,以"走向'田野',加强地理实践"创新学科育人方式,重构理论与实践交融、知行合一的育人新体系。

(一)从教室走向田野,重构了"着地"学地理空间

"田野"是指教室以外的地理学习空间,"田野"是地理学习的实验室,"田野调查"是地理学科的重要研究方法。[3]"着地"学地理从教室走向"田野",引领学生在校园、大自然、城乡、社区、公园、农田、工厂、各类场馆、校外实践基地中体验、探索和发现。

(二)从书本到生活,开发了"着地"学地理课程群

1. 立足乡土地理资源构建"着地"学地理课程体系

"着地"学地理立足乡土资源推动国家课程向学科实践转化,整体构建了以国家课程为核心,包括普育基础课程、卓育提升课程、个育延展课程的课程体系。其中,普育基础课程面向全体学生,定位于课程标准"共同、必备"的基础性要求,保障全员、全面合格;卓育提升课程服务于拔尖创新人才培养,满足部分学生"加深、拓展"的需求,鼓励优秀发展;个育延展课程立足学生的兴趣特长、职业倾向,满足学生的个性化发展需求(见图 3)。

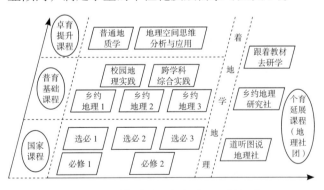

图 3 "着地"学地理课程体系、课程群

2. 以学科实践为支撑开发"着地"学地理课程群

"着地"学地理以乡土地理环境为载体,开发了以学科实践为支撑、指向核心素养进阶的特色课程群,如图 3 所示。"着地"学地理课程项目倡导实

践与探究的有机融合,以蕴含区域认知、综合思维、地理实践力、人地协调观的"问题解决"为逻辑链条,驱动学生在发现、探索、解决问题中促进地理核心素养的形成与发展。

例如,《校园地理实践》挖掘校园地理环境中的课程资源,基于课程标准开发了地理观测(立杆测影、太阳视运动、月相观测、气象观测)、地理调查(校园岩石、植被、土壤调查)、地理模拟实验(流水作用、风力作用、水土流失)、地理制作(昼夜长短演示仪、日晷制作、地貌模型)和地理方案设计(校园绿化改进方案、海绵校园建设方案、校园垃圾分类)等实践活动课程。

(三)从学科到学习,创生了"田野调查"学习方式

"着地"学地理以问题解决为要旨实现从学科逻辑到学习逻辑的转化,创生了以"田野调查"为核心的新型学习方式,培养学生观察描述地理事象、收集信息、取证分析的行动能力、学以致用的创新素养以及"大胆假设、审慎求证"的科学精神(见图 4)。

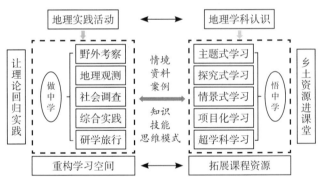

图 4 "着地"学地理的学习方式

(四)从育分到育人,研制了"着地"学地理评价体系

基于"着地"学地理的实践性、融合性、开放性,研制以核心素养测评为目标的"着地"学地理循证评价体系,让学生"看见自己、找到方向"。

该评价体系以核心素养测评为目标,基于学生立场推进评价实践,即以地理实践学习中的行为表现、学业成就为依据,以过程性评价、表现性评价为主对核心素养达成状况作出解释,并针对学业表现提出个性化的进阶路径及改进措施,以此促进学生核心素养水平的提升。

与之相对应，以育人目标为统摄设计以核心素养为主要维度的测评工具。如设计"地貌观察水平评价量表"（见表 1），让学生带着任务标准进行实地观察、撰写观察记录，引导学生在"实践—反思—改进"中实现核心素养水平的进阶。

表 1　地貌观察水平评价量表

水平	具体特征表现	评价
基本水平	能观察到地貌的形态特征	结合实地考察，识别地貌类型；描述地貌的海拔、相对高度、坡度、起伏、形状、破碎程度、面积、分布等特征	
复杂水平	能对观察到的地貌形态特征进行简要的原因分析	能从岩石组成、内外力作用等角度解释地貌特征的成因	
高级水平	能将地貌特征与原理相联系，分析地貌的形成与演化过程	能够依据自己所观察到的地貌特征，从时间和空间角度综合分析内外力作用对地貌形成与演化的影响，并通过比较推测地貌未来的演化趋势	

四、实施："着地"学地理育人新模式

（一）创新了素养进阶的"乡土 +"融合路径

在加强学科实践、推进育人方式变革的探索中，"着地"学地理逐渐形成了"乡土 + 单元、乡土 + 主题、乡土 + 五育"的融合路径。

1."乡土 + 单元"融合实践

以国家课程的"单元"为载体梳理乡土资源的融合点，因循"乡土资源进课堂"和"让地理回归实践"两条路径，开发了涵盖国家课程所有模块的高中地理"乡土 +"课程，形成了"地理实践课程范式"。

2."乡土 + 主题"融合实践

以"主题统领的问题解决"为路径推动乡土资源与国家课程跨单元、跨模块的融合。将乡土地理中看似零散的"资源"纳入学科"主题"之中，以学科实践中的"问题解决"为主线组织课程内容和学习情境，突出课程内容的结构化、关联性，整体构建"着地"学地理课程体系、课程群。

3."乡土 + 五育"融合实践

依托校外综合实践基地，以"基于主题的五育融合"为路径优化学习空间、丰富学科实践内涵，深化和完善"着地"学地理课程建设。同时，以核心素养为指引从自然、社会、科技、文化、工程等角度全面挖掘实践基地蕴含的课程资源，开发综合实践课程，发挥综合育人功能。

（二）"着地"学地理的实践路径

"着地"学地理因循"做中学—学中悟—悟中创"的路径实现学生知识学习方式的翻转，以知识发现、建构和创造为旨归驱动学习方式转型，促进学生地理核心素养的形成和发展（见图 5）。

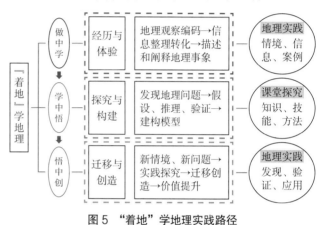

图 5　"着地"学地理实践路径

（三）"着地"学地理的实施模式

基于课程实施，"着地"学地理凝练了理论与实践相互支撑、书本与现实深度融合的"着地"学地理实施模式。

1."先实践后理论"的归纳模式

先开展地理实践活动，再将实践中搜集整理的乡土资源、案例引入地理课堂，实现从感性到理性、从经验到理论的升华。

【课程案例 1】兰陵蔬菜演绎别样传奇[4]

课前考察：编制"兰陵国家农业公园考察方案"，将学生分为"菜农、收购和销售商、物流公司、蔬菜加工企业、政府官员、消费者"等小组并设计调查问卷或访问提纲。

利用五一假期组织学生实地考察，先总体了解兰陵蔬菜生产状况，再分组调查收集资料并形成成果。

课堂探究：以"缘起—发展—优劣—未来"为主线，引导学生利用实践成果资料分析自然因素（缘起）、社会经济因素（发展）对兰陵蔬菜生产的影响，比较兰陵与寿光蔬菜产业区位条件及生产特点的异同，并为以蔬菜生产为基础的兰陵县经济进一步发展提出建议。

迁移应用：我为家乡（××乡或村）乡村振兴贡献金点子。

2."先理论后实践"的演绎模式

先在课堂学习原理、规律，后在实践中应用原理解决实际问题，实现从普遍到具体、从理论到实践的落地。

【课程案例 2】临沂治霾——生态与发展的博弈[4]

课堂学习：由"临沂污染引发全国关注，环保部约谈市长"切入，呈现临沂雾霾问题的图文材料，学生探究临沂大气污染的成因、危害及治理措施。通过"临沂铁腕治污引发激烈争论"引发对"治污与发展"关系的思考。

课后考察：走进污染治理后的罗庄工业园区，寻找现实与理论的"错位"，探讨如何因地制宜协调生态与发展的关系。

3. 地理主题实践活动

如地理制作、地理观测、野外考察、社会调查、小区域调查、综合实践、研究性学习、乡土研学等。

【课程案例 3】抱犊崮地貌风景区考察任务单（必选 + 自选 2 个）

在野外考察地形图上标注沿线重要地点及地理事物。（必选）

观察并记录岱崮地貌的形态特点，推测其成因。（必选）

观察并记录考察沿途植被分布与变化特点。（自选）

观察并记录旅行沿线地区的农业生产方式、类型及农产品。（自选）

观察并记录旅行沿线地区的村落的位置和分布。（自选）

观察并记录旅行沿线地区的生态环境状况。（自选）

了解岱崮旅游发展的现状，结合你的观察和认识，为岱崮旅游发展提出合理化建议。（自选）

在小组集体商讨的基础上，也可选择其他有价值的地理问题，但需征询地理老师的意见。

4. 跨学科综合实践活动

依托校外实践基地，以核心素养为指引全面挖掘实践基地蕴含的课程资源设计主题式、项目式、综合性学习任务，尤其是沂蒙精神、劳动教育、体育与健康、艺术在跨学科实践课程中的设计与融入。

【课程案例 4】走进《沂蒙山小调》诞生地

课程目标：在研学考察、社会实践中理解沂蒙精神的内涵，领悟沂蒙精神的时代价值，树立新时代弘扬沂蒙精神的理想信念。

课程内容：参观大青山突围战役纪念馆，考察乡村振兴经典案例《沂蒙山小调》诞生地。

学习任务：

结合参观考察了解的史实，分析大青山突围的历史背景及意义，归纳沂蒙精神的内涵。（历史）

学唱《沂蒙山小调》，小调诞生地写生。（音乐、美术）

走进农户参加农业生产劳动。（劳动教育）

根据当地的地理条件，探究当地从精准扶贫走向乡村振兴的可行性措施。（地理）

结合当地社会经济发展的实例，说明沂蒙精神的时代价值。（思想政治）

以"弘扬沂蒙精神，放飞青春梦想"为题，结合自身体验、感悟写一篇不少于 800 字的文章。（语文）

五、结语与展望

"着地"学地理从课堂走向"田野"，创生了多元化的学科实践方式，驱动学生在体验探究中实现认知重构，提升了问题解决能力和创新实践能力，实现了由"学科教学"到"课程育人"的转型。"着地"学地理作为学科育人方式的创新实践，对于提升学科育人价值、提高学科育人质量具有关键作用，但在实践中仍有若干问题需要厘清和进一步探讨。

（一）乡土案例≠课程资源

进入课程视野的乡土案例要能补充、丰富、活化国家课程，同时又能以结构化、地理的观点赋予乡土案例以课程意义。[5] "源于乡土、始于生活"是"着地"学地理课程的出发点，但其价值追求要"放眼世界、归于育人"，亦即让学生在具体化、生活化的乡土情境中正确阐明人地关系，树立人地协调的价值观。[6]

（二）乡土案例：传承 VS 创新

文化是乡土的基因和灵魂。因此，"着地"学地理课程要有意识地选取留存乡土记忆、反映地域特色的课程资源，引导学生思考乡土文化中蕴含的地理智慧及其现实意义，培育"望山见水忆乡愁"的乡土意识和守护乡土文化的社会责任感。

随着时代、社会的发展，进入课程视野的乡土资源要与时俱进为地理教学注入活力。例如，在"家乡生态环境问题、资源开发"等主题的教学中，可精选反映人地关系协调与失调的正反实例，设计参与性、体验性的实践活动。通过从"绿水青山"向"金山银山"蝶变的生动实践，让学生真正树立"绿水青山就是金山银山"的理念。[4]

（三）须进一步探索的问题

首先，在传统教学惯性和高考压力的影响下，需要平衡学校、家庭和社会各方的利益诉求，为地理实践活动的开展提供支持与保障。其次，针对评价理念与实践、过程与结果错位的问题，"着地"学地理课程要基于评价标准、教学观察开展更有效的学业评价。此外，技术赋能教学创新的帷幕已经开启，基于大数据、VR/AR、元宇宙的探究学习、场景化学习、互动学习，也将是"着地"学地理课程

深入探索的重要领域。

参考文献：

［1］国务院办公厅 . 关于新时代推进普通高中育人方式改革的指导意见［EB/OL］.（2019-06-11）http://www.gov.cn/zhengce/content/2019-06/19/content_5401568.htm

［2］中华人民共和国教育部 . 普通高中地理课程标准（2017年版 2020 年修订）［M］. 北京：人民教育出版社，2020：2-34.

［3］张建珍 . 地理教育走向"田野"［J］. 中学地理教学参考，2018，441（9）：1.

［4］李慎中 . 高中地理"乡土 +"融合课程的开发与实践［J］. 基础教育课程，2021，308（20）：68-75.

［5］梁红梅，苏筠 . 浅谈高中地理教材的编写策略［J］. 课程·教材·教法，2005（10）：61-66.

［6］李慎中 . 乡土资源与高中地理教学整合的实践探索［J］. 地理教学，2009（10）：11-13.

本文相关成果获 2022 年山东省基础教育教学成果特等奖。

近十年地理教育教学研究高被引论文述评

——基于 Citespace 和 VOSviewer 的可视化分析

薛沛瑞[1]　徐　雪[1]　张家辉[2]　贾峰清[3]

（1. 青岛大学旅游与地理科学学院，山东 青岛　266071；2. 曲阜师范大学教育学院，山东 曲阜　273165；
3. 济宁市教育科学研究院，山东 济宁　272000）

摘　要： 高被引论文代表一个领域的权威科研成果，具有较高的学术价值。本文基于普赖斯定律的历时法界定高被引论文，利用 Citespace 和 VOSviewer 对近十年（2014-2023 年）中外地理教育教学研究高被引论文进行关键词的共现分析、聚类分析和时间线图分析。研究认为在高被引论文中：地理学科核心素养是研究焦点；重视探究教学策略和学习方法的优化；可持续发展教育的关注度提高；转向 VR、AR、UAV 等技术手段，提升地理教学的效率。

关键词： 地理教学；高被引论文；可视化分析

2023 年 5 月教育部印发《基础教育课程教学改革深化行动方案》，明确指出要强化教研专业引领，建立一支专兼结合的高素质专业化创新型教研队伍。[1] 2019 年 10 月《教育部关于加强新时代教育科学研究工作的意见》发布，鼓励中小学教师增强科研意识，将教育教学研究能力提到了重要位置。[2] 教师由传统的知识传授者转换成为教育教学的研究者，已是时代的呼唤。

地理教学类的高被引论文是反映学科研究水平的风向标，具有较高的学术研究价值，有助于迅速把握地理教学研究的最新成果、研究热点和研究趋势等。文献可视化分析是借助信息技术手段，应用数学和统计学方法，研究文献的分布结构、数量关系与变化趋势，并将相关信息通过可视化的图谱予以生动直观的呈现，是一种分析学科研究概况和发展动态的有效方法。基于此，本文以 CNKI 和 Web Of Science 数据库为来源，运用 Citespace 和 VOSviewer 两款文献计量分析软件，对国内外地理教学类的高被引论文进行分析，具有重要理论和实践意义。

一、研究准备

（一）研究工具的选择

Citespace 基于共引分析和寻径网络算法等，兼容 CNKI、Web Of Scinence、Scopus 等多个数据库，能够对文献数量、作者、科研机构研究合作情况以及聚类、突变等进行分析。VOSviewer 基于文献的共引和共被引原理，可用于绘制各个知识领域的科学图谱，生成揭示作者、机构和国家间合作关系与强度的合作网络图，显示不同文献间引用连接的文献共引图、不同关键词之间关联的关键词共现图等。

结合 Citespace 和 VOSviewer 两款软件，便于迅速把握某一领域的研究现状、热点和发展趋势等。同时，根据两款软件各自的特点和优势，本研究确定在关键词共现分析中使用 VOSviewer 的密度可视化图谱，利用 Citespace 生成关键词共现、关键词聚类、关键词时间线图谱。

（二）研究数据的获取

何为高被引论文，目前尚未形成统一的标准，这对文献数据的获取造成了一定难度。研究在综合论文引用次数、发表时间等要素基础上，决定采用历时法确定高被引论文。

首先，将时间段设置为 2014—2023 年，借鉴文献计量学的普赖斯定律确定每一年的高被引论文。普赖斯定律通常用于确定高产和高影响力的作者，多数情况下高产作者同高被引论文的分布具有相似的规律，其数学表达式为：

$$m = 0.749\sqrt{n_{\max}}$$

$n_{\max}$ 代表最高被引频次论文的被引频次，m 为确定高被引论文的最低被引频次。[3] 经计算确定了各年份的最低被引频次，如下图所示：

表 1　中外文献最低被引频次表

年份	2014	2015	2016	2017	2018	2019	2020	2021	2022	2023
中文文献最低被引频次	11	12	14	15	7	7	9	4	3	2
外文文献最低被引频次	3	6	5	5	5	4	7	3	1	1

其次，限定高被引论文的来源。中文文献以"地理教学"为检索词，范围限定在地理教育类及部分 CSSCI（包括扩展版）期刊、北大核心期刊，涉及《课程·教材·教法》《地理教学》《中学地理教学参考》和《地理教育》等 14 种期刊，共计 1 040 篇论文；外文文献以 "geography teaching" 为检索词，在 Web of Science 核心合集中选择 *Journal of Geography*、*Journal of Geography in High Education* 等 6 种期刊，共计 205 篇论文，检索时间均为 2023 年 12 月 25 日。

二、研究过程

（一）关键词共现分析

关键词代表论文的研究方向。关键词共现分析是 Citespace 软件的一项重要功能，通过分析同一文本主题中关键词对共同出现的频率呈现研究间的相互关系。对高频关键词的分析，有助于了解本学科的研究热点和发展趋势。将前期检索得到的中外文献数据分别导入 Citespace6.2.R6 软件中，设置时间跨度为 2014—2023 年，时间切片为 1 年，节点类型为关键词，默认其他参数，得到节点数 267、连线数 470 的关键词共现图谱。节点大小代表关键词出现的频次和中心性的高低，节点间的连线数代表关键词共现次数，连线越多则关键词共现性关系越强。

中文文献图谱（图 1）中较大的节点除了检索词"地理教学"外，还有"高中地理""核心素养"和"研学旅行"等。这表明，当前地理教学研究非常注重培育学生的核心素养，并结合"研学旅行"培养学生的地理实践力。而"教学设计""大概念""单元教学""思维导图"和"深度学习"等关键词都体现出对"教与学"的策略与方式优化，"区域地理"和"乡土地理"则是教学内容的关注点。

外文文献图谱（图 2）的关键词集中于 "education" 和 "students"，体现出对学生的重视。并且，国外研究更注重学习手段和模式的创新，善于应用 python、Web-Based Video 和 TPACK 等，这对我国地理信息技术辅助地理教学具有较大借鉴意义。同

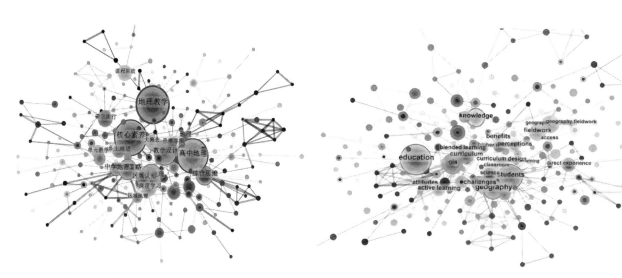

图 1　国内高被引论文关键词共现图　　　　　　　图 2　国外高被引论文关键词共现图

时，野外考察、空间思维、应对风险挑战（如气候变化、可持续发展及新冠疫情等）也是研究的重要议题，这都体现出国外对地理学习实践价值的重视。

最后将中英文文献再导入 VOSviewer1.6.20 软件，可得到高被引论文的关键词密度可视化图（图 3、图 4）作为关键词共现知识图谱的补充，有助于辅助分析影响力较大的研究主题，但相较关键词共现图更加简明清晰。

（二）关键词聚类分析

关键词聚类分析是在关键词共现分析的基础上，将共现网络聚集成不同的群集区域，每一群集内都由密切相关的关键词组成。各区域对应一个标签，顺序由小到大，数字越小说明群集中包含的关键词越多。

1. 中文文献分析

对中文文献进行聚类分析得到 #0 至 #10 共计 11 个主要关键词聚类（图 5），涵盖地理学科核心素养、教学策略、深度学习、高中地理、单元教学、综合思维、区域认知、情境教学、地理实验和劳动教育等多个方面，这体现出近十年我国地理教学研究宏观与微观、教学与育人的有机融合。

综合分析图 5 与各关键词聚类群集中出现频率最高的 5 个关键词可以发现，它们之间具有紧密的内在联系。例如在所有 11 个聚类中均多次强调"地理学科核心素养"，普遍关注核心素养的内涵、构成、培养策略，重视和某一教学要素或教学环节相联系，如课标、教材、作业、命题等。

值得注意的是，近年出现了较多围绕"劳动教育""地理实验""情境教学"等的研究。刘导和陈实教授在《基于活动理论的地理学科劳动教育的活动设计研究》中谈到，基础教育中全面发展的教育体系提倡发展劳动育人，地理实践力也承载着劳动教育的基本内涵[4]，因而基于地理学科进行劳动活动设计，不仅是对传统地理教学体系的补充完善，也和"五育融合"的教育理念不谋而合。

2. 外文文献分析

对外文文献分析得到 #0 至 #11 共 12 个关键词聚类（图 6），包含教师培养、可持续发展、社会公

图 3　国内高被引论文关键词密度可视化图

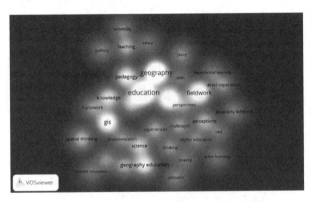

图 4　国外高被引论文关键词密度可视化图

图 5　国内高被引论文关键词聚类图

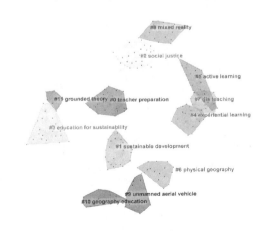

图 6　国外高被引论文关键词聚类图

正、可持续发展教育、体验学习、主动学习、自然地理、GIS 教学、混合现实技术、无人机、地理教育、扎根理论等。研究主题大致可分为如下几方面：

第一，可持续发展教育研究。Hedden Maria Kalamas 指出要教育学生从环境中解放出来，让他们从地方、国家和国际层面为应对可持续发展的现实挑战做好准备。地理学历来重视研究人地关系与区域特点，培养公民正确的人地观念是地理教学义不容辞的责任。第二，创新高效的学习方法。Catling Simon 认为通过探究主动学习、体验式学习、混合式学习等的应用，有助于学生获得直接经验，在建构地理认知结构过程中培养地理思维能力。第三，技术手段赋能地理教学。地理区别于其他学科的显著特点之一是研究对象的广袤性，先进的技术手段能最大限度摆脱环境束缚，增强个体与实地环境间的交互接触，帮助学生感知理解。除地理空间技术外，国外研究亦积极将 VR、MR、Digital Storyteling、Game-based E-learning、UAV 等融于地理教学。

（三）关键词时间线图分析

基于关键词聚类分析，利用 Citespace 将其转化为时间轴的形式即得到关键词时间线图。关键词时间线图能清晰反映出各关键词聚类研究主题的起止和持续时间，以及关键词间的联系与集中程度。

1. 中文文献分析

分析图 7 可见，中文文献除 #0 地理教学外，持续时间最长、关键词间联系比较紧密的研究主题有 #1 核心素养和 #2 教学策略，它们是近十年地理教育教学研究的最主要内容，具体包括地理学科核心

素养指标体系、课程设计、地理教材、研学旅行、课程思政、问题解决、乡土课程、环境教育、主题教学等。由于本研究对象为高被引论文，#3 深度学习和 #6 综合思维虽然在 2023 年度未有显著发文，但随着时间推移引用频次有较大提升的可能。

研究起始时间较晚的主题依次是 #10 劳动教育（2020 年）、#8 情境教学（2018 年）和 #5 单元教学（2016 年），主要研究内容涉及新课标、思政教育、信息技术、案例教学、时事新闻、思维导图、纪录片、具身认知等。这三个主题均有显著的发文量增加趋势。

2. 外文文献分析

分析图 8 可见，外文文献研究持续时间较长的主题有 #1 sustainable development、#3 education for sustainable、#4 experiential learning 和 #5 active learning，这四个主题近三年发文量较多，包括了可持续发展教育和学习方法研究两个方向。可持续发展教育研究的主要内容有环境教育课程、经验、地理行为、内容知识、可持续发展态度、能力、可持续发展信念、环境教育框架结构、主动学习方法、比较和评价能力、地理技能、线上教学、地理调查、系统思考、可持续发展挑战等，学习方法研究的主要内容则包含眼动追踪、地理野外考察、混合式学习、体验式学习、学生的感知、观点和知识、高等教育、学术表现、异步学习、远程学习效果等。

其中，#7 gis teaching 和 #8 mixed reality 两个主题属于技术应用领域，研究内容涵盖学生直接经验、情感支配和数字可视化等。但图谱（图 8）显示二者的时间线分别截止于 2021 年和 2022 年，这也一

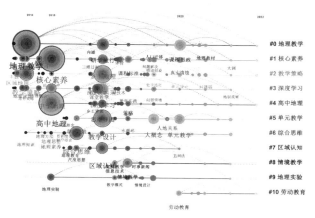

图 7　国内高被引论文关键词时间线图

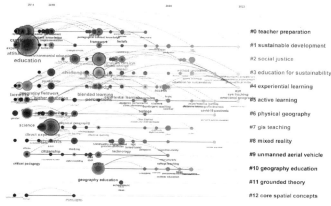

图 8　国外高被引论文关键词时间线图

定程度上映射出现代技术应用于教学过程中或许存在改进的空间，正如 BosDaniel（博斯·丹尼尔）所提及，VR/AR 可以作为一种重要的技术用来激励和吸引学生参与到实地考察中来，然而有一些明显的障碍也需要加以考虑，包括为各部门提供上述技术的可及性和可负担性，以及拥有的资源等等，需要硬件的升级和技术知识的不断更新。[5]

三、研究结论

综合上述分析，对近十年地理教育教学研究共归纳出如下五个方面的显著特点。

（一）地理学科核心素养是研究的焦点

《普通高中地理课程标准（2017 年版 2020 年修订）》提出地理学科核心素养，彰显了地理学科的育人价值，对落实立德树人的根本任务具有重要意义。地理教师首先须明确地理课程的基本任务是培养学生的地理核心素养，教师的专业发展应积极履行这一任务。秉承核心素养培养观念，潜移默化地推动学生地理观念的更新迭代，实现地理教师的专业发展与学生地理核心素养培育的效率、效果、效益共进共赢。同时应积极落实教学设计研究，创新传统章节的独立编排形式，凝练出学科大概念和关键问题，在此基础上进行明确预期学习成果、确定恰当的评价证据和规划学习计划三阶段的逆向教学设计，利于整合培育四位一体的核心素养，并将地理核心素养落实到教育教学的方方面面。

（二）积极探索地理教学策略的优化升级

地理教育教学研究同热点教学策略融合较多，如地理问题式教学、地理情境教学等。一方面，在综合各论文的观点后，发现共识在于教学策略要契合学生的认知发展水平，正确处理师生在教学过程中的关系，结合方法特点给予学生恰当的信息和资源支持，推进地理教学的生活化、社会化等；另一方面，如袁孝亭教授指出"完全意义上的地理课程与教学研究，应当从地理学科自身出发，开展以地理思想方法为主要方法论依据的研究"[6]。在研究和应用中要注重以地理学科思想方法为引领，关注地理学科的本质。与此同时，国内外还衍生出地理实验教学、地理劳动教育、地理户外教育、研学旅行等具有鲜明实践性质的研究方向，

通过考察、实验和调查的形式将宏观抽象、不宜观测的自然现象和演化进程等予以生动呈现，能辅助常规教学使学生更好地理解相关原理，培养学生的地理实践力，在生活化的情境中将理论知识和实际问题结合，实现经世致用的地理课程价值追求。

（三）变革学习方法为提升教学质量助力

有效的学习方法可使地理教学事半功倍，如深度学习、跨学科学习等都契合地理学科特性，是平衡教学量与质的探索。深度学习要求构建行知合一、学思并重的课堂，重视学生的体验与感悟，围绕真实的地理现象逐层设置问题链，调动学生的最近发展区，在问题情境中发现、探究和解决地理问题，并能剥茧抽丝总结规律。而跨学科学习则要求学生能综合运用多学科知识解决复杂问题情境，二者都指向趋于真实和生活化的情境，与让"学生在自然和社会的大课堂中学习对其终身发展有用的地理"这一理念不谋而合，可有效训练学生的高阶思维，塑造其地理思想方法和学科能力。国外也提出了体验学习、主动学习、变革性学习、混合学习等多元方法，如 Ryan Annie Wolly（瑞安·安妮尔·沃利）引入美国 K-12 中流行的"数字化讲故事"这一工具，选择恰当的地理事件作为故事，将多媒体数字技术融入到故事叙述中，其特点在于情节设计合理、节奏易控制，能通过讲述者声音和配乐的多感官刺激调动起学生的兴趣，进而引导学生进入地理情感态度领域的深度学习。

（四）可持续发展教育是地理教育教学研究的应有之义

地理作为一门研究人地关系的学科，开展可持续发展教育是题中应有之义。2022 年 9 月召开的联合国教育变革峰会提出可持续发展教育应被纳入主流教育体系，国内外在这一领域均有诸多尝试。如美国佛蒙特州开发的 K-12 可持续发展教育体系，支持学生开展基于地点的探究式体验学习，课程标准中对各年级的学习目标主题也作出规定，并在教育内容中突出了地理调查和实验等技能在生态保护中的重要作用。中国也积极落实联合国《2030 年可持续发展议程》，对生态文明教育作出战略部署，在内容上更重视学生的可持续发展能力和知识的培养，

而相应的态度、价值观和行动产出不足；另外，不同学段的关注点也有些许差异，初中更关注属于可持续发展分支的环境问题。总的来看，国内外可持续发展教育都以解决实际发展问题为主要目标，但中国在培养学生应用知识于解决实际可持续发展问题的实践方面较国际仍有差距，须借鉴其先进经验，丰富自身教育教学理论和实践。

（五）加强技术手段同地理教育教学的融合

《普通高中地理课程标准（2017 年版 2020 年修订）》的"实施建议"中明确提出，应当以地理信息技术为支撑，构建纸电互补的新型教科书系统，丰富学生的感知并提高学习效果。[7] 目前，国内对这方面的实践探索集中于传统的地理空间技术"3S"，作为常规教学的辅助，拓展传统媒体和计算机多媒体功能，能够推进内容呈现方式、教师教学方式和学生学习方式的革新，但为了保障正常教学进度，常流于形式。国外研究则在技术类型上更加多元化，如 TuranZeynep 运用成就测试、认知负荷量表和半结构访谈法等，验证了 AR 技术对地理教学，特别是地貌学主题教学的积极意义，可应用增强现实数字沙盘塑造学生的地理空间思维。而早在2015 年，BirtchnellThomas 就评估了使用无人机测绘进行人文地理和空间社会科学教学的可能性，这些为国内相关研究提供了崭新的思路。

参考文献：

［1］教育部 . 教育部办公厅关于印发《基础教育课程教学改革深化行动方案》的通知［EB/OL］.（2023-04-26）［2023-12-05］. http://www.moe.gov.cn/srcsite/A26/jcj_kcjcgh/202306/t20230601_1062380.html.

［2］教育部 . 教育部关于加强新时代教育科学研究工作的意见［EB/OL］.（2019-10-30）［2023-12-05］. http://www.moe.gov.cn/srcsite/A02/s7049/201911/t20191107_407332.html.

［3］刘雪立 . 基于 Web of Science 和 ESI 数据库高被引论文的界定方法［J］. 中国科技期刊研究, 2012, 23（6）: 975-978.

［4］刘导, 陈实 . 基于活动理论的地理学科劳动教育的活动设计研究［J］. 地理教学, 2021（17）: 8-12+34.

［5］Bos Daniel, Miller Servel, Bull Eloise.Using Virtual Reality（VR）for Teaching and Learning in Geography: Fieldwork, Analytical Skills, and Employability［J］. Journal of Geography in Higher Education,2022,46（3）:479-488.

［6］袁孝亭 . 基于地理思想方法的地理课程与教学研究［J］. 课程·教材·教法, 2010, 30（7）: 82-87.

［7］普通高中地理课程标准（2017 年版 2020 年修订）［M］. 人民教育出版社, 2020.

情境教学理念在地理教学设计中的应用

——以"人口分布的特点及影响因素"为例

陈桂珍 陈 健

（江苏省扬州中学，江苏 扬州 225000）

摘 要： 从情境教学的理念进行地理教学设计，主要考虑情境化、去情境化、再情境化三个环节。教学内容情境化和情境问题层次化可以发展学生的思维；去情境化让学生学会从情境材料分析中总结方法；再情境化可以培养学生的思维能力。在地理教学设计中充分考虑"情境化—去情境化—再情境化"三者之间的关系，有利于课堂教学有效性的提高和学生地理核心素养的提升。

关键词： 地理教学设计；情境化；去情境化；再情境化

党的十九大明确提出："要全面贯彻党的教育方针，落实立德树人根本任务"[1]。新课程改革后，《普通高中地理课程标准（2017 年版）》实施建议中提出"在地理情境中强化学生的思维训练"[1]。高考评价体系从"立德树人、服务选才、引导教学"的核心立场，提出了"必备知识、关键能力、学科素养、核心价值"四层考查目标。其中在"学科素养"目标中指出"考查要求学生能够在不同情境下综合利用所学知识和技能处理复杂任务，具有扎实的学科观念和宽阔的学科视野，并能够体现出自身的实践能力、创新精神等内化的综合学科素养"[2]。

基于以上原因，地理教师要坚持新课程"以人为本、回归生活、注重发展"的教学理念，在地理教学设计中一定要蕴含有"人"的理念，以学生为中心创设教学情境，让学生从情境中习得具体知识的同时增强体验性与参与性。从情境教学的理念进行地理教学设计，主要考虑情境化、去情境化、再情境化三个阶段。

一、发展思维：情境化

情境教学具有生动性、启发性的特点，有利于调动学生学习的积极性。以情境为载体，引导学生参与对所学知识进行探索、发现和认识，有利于发展学生的思维。通过将地理知识和地理问题融入到真实的地理环境中，情境化教学能够让学生置身在具体的情境中进行学习，有助于学生更容易理解和记忆知识点，从而提高学习效果。地理教学设计中的情境化主要包括教学内容情境化和情境问题层次化两个方面。

（一）教学内容情境化

情境材料的选取要能吸引学生学习的注意力，点燃学生学习的热情，并能激发学生的学习动机，引发其主动思考。因此情境材料的选取一般需遵循以下原则。

1. 基于生活实际与社会现实——真实性

地理教学设计是从地理的视角，帮助学生建立地理科学世界与现实生活世界的联系。情境材料的选择只有真实，才有价值。在"人口分布的特点及影响因素"的教学设计中，选取"胡焕庸线"为情境材料，就是真实性的体现。通过展示胡焕庸教授绘制的中国人口密度图和"胡焕庸线是否可破？"的总理之问等情境材料将教学内容情境化。情境中的图文材料和视频材料，让学生感受到了地理之美，激发了学生的学习兴趣。

2. 体现地理学科特色——学科性

情境材料的选择要具有地理学科特色，尽可能展现地理学科魅力。如在学习胡焕庸线两侧区域人口分布的影响因素时，教师播放胡焕庸线视频材料展示地理的自然景观与人文景观之美。用地图来表达空间的区域认知，让学生选择合适的地理分布图（如：中国地形分布图、中国年降水量分布图、中国铁路交通分布图、中国耕地资源分布图等）来分析人口分布的影响因素并简要分析。

3. 贴近学生认知水平——实用性

情境材料的选择要以贴近学生认知水平为主，与地理教学内容的关联度要高，才更有实用性。"胡焕庸线"是重要的地理分界线，不仅与400毫米等降水量线，二、三级阶梯分界线，古代农耕和游牧民族分界线相接近，就连春运迁徙路线、物流运输密度、"八纵八横"高铁网，甚至QQ同时在线人数的突变线，都有意无意地和这条线基本重合。假如学生对胡焕庸线不了解，那么二、三级阶梯分界线一定在初中地理中学过，而且春运迁徙、物流运输等非常贴近学生的生活。

（二）情境问题层次化

地理教学设计从学习目标出发，以情境材料为背景，需要设计一系列的情境问题。情境问题的设计要有一定的目的性与层次化，通过问题链的设计，由浅入深、由表及里。学生通过情境问题去发展思维得出主要观点，也为去情境化做准备。

教学内容情境化之后，问题设置必须与课堂主干知识高度匹配。学生通过情境问题对情境材料进行分析时，地理教师要时刻关注有价值的课堂生成，高品质的课堂一定是精心的预设与精彩的生成两者相得益彰（见图1）。

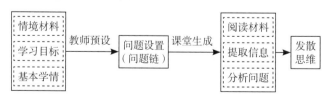

图 1　情境教学背景下的问题设置

【案例 1】在"人口分布的特点及影响因素"的教学设计中，依据情境材料设计问题如下（具体内容省略，只保留主要问题）：

Q1. 请根据胡焕庸线两侧的人口密度差异，总结我国人口分布的宏观格局。

Q2. 请在图库中选择合适的地图，探寻人口分布的影响因素，并作简要分析。

Q3. 从时间的视角看，在古代和现代分别是哪一类因素对人口分布的影响更大？

Q4. 请运用图层叠加的思想，根据人口分布的影响因素总结中国人口分布特点。

Q5. 阅读胡焕庸线两侧人口占比变化表，从中你能得出什么结论？

Q6. 从人口分布的影响因素看，你觉得胡焕庸线能否被突破？

Q7. 以下破解胡焕庸线的措施，有哪些是合理的？

Q8. 根据以上分析，一方面"胡焕庸线"具有很强的稳定性，另一方面要突破"胡焕庸线"，两者矛盾吗？你是如何理解的呢？

地理教学提倡和鼓励学生呈现开放性思维。情境设计要真实、合理，与学生的实际经验和认知水平相符合。情境化教学要与课程目标紧密结合，确保教学内容与情境化教学的目的相一致。教师在实施情境化教学时，要关注学生的学习过程，及时给予指导和帮助。注重评价与反馈，通过评价了解学生的学习情况，及时调整教学策略和方法。在情境化设计阶段，教师主要思考重点是如何设计一个与学生生活经验和兴趣紧密相关的情境？如何确保情境的真实性和有效性？如何引导学生主动参与到情境中，进行观察和思考？

此外，在地理教学设计中，除了设计一般陈述性的问题，还需要设计引发观点冲突的争论性问题，来打破和谐统一的思想，从而达到思想交融、认知升华的境界。合理设计地理情境问题可以锻炼学生的综合思维能力和提取信息的能力以及语言表达能力。

二、总结方法：去情境化

情境材料是媒介，引入情境是为了去情境，让学生从感性认知上升到理性认知。情境教学之后，去情境化是一个关键步骤，旨在帮助学生将情境中学到的知识和技能迁移到更广泛的学习和应用场景中。在去情境化阶段，要确保所设计的新情境或问题与情境教学中的核心概念、原理和方法保持一致，以便于学生进行迁移和应用。新情境或问题的设计要具有一定的挑战性，能够激发学生的思考和探索欲望，但也要确保难度适中，避免给学生造成过大的压力。在去情境化的过程中，依然是教师引导，学生主导。学生在对情境材料充分认知的前提下，通过问题链，分析情境内容，提取情境要素，逐步习得与情境相关联的地理概念、原理或规律。在学生进行迁移训练或问题解决时，教师要及时给予反馈和指导，帮助学生纠正错误并不断完善自己的知识和技能。

建构主义认为，学习不是由外到内的转移和传递过程，而是学习者凭借自己经验主动构建知识的过程，是学习主体通过信息与原有知识经验的相互作用，来充实、丰富和改造自己的知识经验的过程。[3] 去情境化一定要注意语言的表达，要将通俗的言语，转化为地理术语，并将相关的地理知识结构化，从而形成认知模式为再情境化的应用做准备（见图 2）。

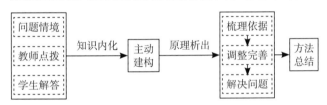

图 2　去情境化的流程图

【案例 2】人口分布的影响因素（见图 3）和中国人口分布特点（如表 1 所示）去情境化之后的知识结构。

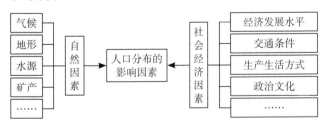

图 3　人口分布的影响因素

表 1　中国人口分布特点

从东西方向看	东部地区人口多，西部地区人口少
从自然条件看	地形、气候、水源等自然条件优越的地区人口多，自然条件相对恶劣的地区人口少
从社会、经济条件看	经济发达和交通便利地区人口多，经济落后、交通闭塞的地区人口少
从民族类别看	汉族居民集中的地区人口多，大部分少数民族地区人口少

去情境化需要建立在学生对所学知识内化的基础之上，要做好去情境化的过渡，最好能由学生自己提出，如自主归纳、从最近发展区出发向其他情境过渡。去情境化设计的重点是如何引导学生从具体情境中抽象出一般性的原理或规律？如何帮助学生建立知识体系，将所学知识进行归类和整理？如何评估学生对知识的理解和掌握程度？从情境化走向去情境化，促进学生认知能力的进一步发展，很好地解决了逻辑思维与形象思维不能协调发展的问题，提升了学生的思维品质。

三、培养能力：再情境化

从情境化到去情境化，再到再情境化的过程，是一个逐步深入、循环往复的学习过程，旨在帮助学生从具体情境中理解知识，到能够抽象出知识并应用于不同情境，再到在新的情境中重新理解和应用知识。

地理教学设计是在地理教师精心备课的基础之上，设计一系列教与学的课堂活动让学生获得地理知识、培养学习能力、提高地理素养的一个预设方案。再情境化是将知识运用到新的情境，新情境的选择具有综合、开放、多元的特点，有助于培养学生解决问题的能力，有助于学生地理核心素养的提升（见图 4）。再情境化可以在有限的课堂教学时间内对教学设计这一预设方案的效果进行检测与评估。从知识检测看，再情境化是一种训练与检测；从能力评价看，再情境化是一种迁移应用；从素养提升看，再情境化是一种有效的途径。

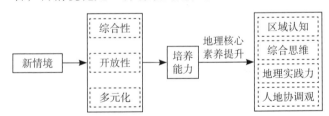

图 4　再情境化对地理核心素养提升的促进作用

在"人口分布的特点及影响因素"的教学设计中，在去情境化之后，教师设计了如下情境材料让学生继续探究。

【案例 3】其他国家的"胡焕庸线"及世界人口分布特点（如表 2 所示）

地理知识来源于情境，服务于情境。在情境化

表 2 其他国家的"胡焕庸线"及世界人口分布特点

再情境化	教师活动	学生活动	设计意图
其他国家的"胡焕庸线"	胡焕庸线，本质上是一条人口密度突变分界线，其他国家是否也有它们的"胡焕庸线"呢？（呈现世界的国家和地区图及美国、加拿大、澳大利亚、俄罗斯、日本等国家的人口密度图）	1. 任选一个国家人口分布图，观察其人口分布的特点，画出其人口突变线	通过画其他国家的人口突变线，让学生获得人口分布差异的感性认知
		2. 查阅需要的资料，分析影响该国人口突变线形成的因素	运用所学知识分析人口分布的影响因素及特点，并能迁移应用
世界人口分布特点	呈现世界人口密度图	3. 在世界人口密度图中找出人口稠密区与人口稀疏区，并尝试画出全球的"胡焕庸线"	让学生空间认知的尺度，由小到大，由局部到整体
	呈现三组表格数据（数据内容略）：表1 世界人口纬度分布趋势；表2 世界各大洲距海岸 200 千米范围内面积、人口占各洲的比例（%）；表3 世界人口垂直分布趋势	4. 阅读材料，从纬度、海陆位置、地形的角度，总结世界人口分布特点	培养学生提取信息、分析问题的能力，从时空综合和要素综合两个方面培养综合思维

的教学设计思考的重点是如何选择和设计新的情境，使其与所学知识紧密相连？如何引导学生将所学知识应用到新的情境中，解决实际问题？如何评估学生在新情境中的表现，以便及时调整教学策略？

再情境化不仅可以培养学生能力，对学生适应高考评价也有帮助。地理高考试题也是以地理学科内容为载体，借助相对复杂的"现实情境"，向学生呈现空间格局的观察、概括、归纳，地理特征的分析、综合比较，空间动态过程的观察、规律概括与趋势预测，地理因果联系与依存关系的分析、推理，以及绘图与图解等具体任务。从情境中来，再到情境中去。[4]可以在课堂教学中最大可能地解决地理知识理论与实践的分离问题，对高效课堂的实现和立德树人根本任务的落实有显著的促进作用。

四、结语

从情境化到去情境化，再到再情境化的过程是一个螺旋式上升的学习过程。通过这个过程，学生可以逐步深入理解和掌握地理知识，提高自己的地理素养和解决问题的能力。同时，这个过程也强调了知识的迁移和应用能力的重要性，有助于培养学生的实践能力和创新精神。

地理教学设计要让学生在地理学习的过程中，感觉地理是有趣的、有理的、有用的，在地理课堂中是有获得感的。这是地理教学设计的努力方向，而情境教学设计可以让这个方向更清晰。地理教学设计中"情境化—去情境化—再情境化"的过程，就是"发展思维—总结方法—培养能力"的一个过程，地理教师通过合理有效的情境问题的设计，引发学生专家般的思考，最终可以促进学生地理学科核心素养的提升。

参考文献：

[1] 中华人民共和国教育部.普通高中地理课程标准（2017年版）[M].北京.人民教育出版社,2017.

[2] 姜钢.探索构建高考评价体系，全方位推进高考内容改革[N].中国教育报,2016-10-11.

[3] 陈爱苾.课程改革与问题解决教学[M].北京：首都师范大学出版社,2010.

[4] 赵航.基于"情境化—去情境化—再情境化"的探究式案例教学模式研究[J].管理案例研究与评论,2015,8（3）:284-290.

劳动教育融入高中地理学科教学的策略

——以人教版必修第二册中的劳动教育素材开发和使用为例

罗　坤[1]　林天寿[*2]

（1. 福建省龙岩第一中学　2. 龙岩市第一中学锦山学校，福建 龙岩　364000）

摘　要： 劳动是人类基本的活动，也是学生终生发展的重要支撑点。本文旨在梳理高中地理教材中与劳动教育相关的内容，提炼其中的劳动教育素材，并在地理教学中渗透劳动教育。以地理必修第二册为例，本文分析了教材中的劳动教育素材及其教育功能，并提出基于核心素养的劳动教育融入地理教学的实施策略。

关键词： 劳动教育；高中地理；融合教学

劳动是人类生存和发展的基础，是实现自我价值和社会价值的重要途径，已成为国民教育的重要组成部分。《普通高中地理课程标准（2017 年版 2020 年修订）》明确指出，地理实践活动是在自然、社会等真实情境中开展丰富多样的活动，有助于提升人们的行动意识和行动能力，增强社会责任感。地理学科包含了自然学科和人文学科的知识内容，是一门能力要素非常丰富的学科。地理实践活动是一种非常有益的教育方式，它能够使学生有丰富的职业体验，在地理教学过程中可以尝试开展服务性劳动和生产性劳动，并且可以培训各种各样的技术和方法。通过梳理高中地理教材中与劳动实践教育相关的素材，渗透劳动教育，可以帮助学生提升地理实践力，强化思维创新和团队合作能力，增强环保意识，培养正确的时空观、人口观、资源观、环境观和发展观[1]。

高中地理课程设计注重学生的主体性和实践性，采用多种教学方式和方法，以激发学生的学习兴趣和积极性。同时，鼓励学生通过案例分析、实地考察、调查等方式参与社会实践活动，深入了解地理知识和现象，提高学生的地理实践能力。此外，本文将深入挖掘人教版必修第二册（以下简称"地理 2"）中的劳动教育素材，探索劳动教育融入高中地理教学的实践策略，以培养学生正确的价值观，加深对劳动的意义和价值的认识，以及培养劳动意识和劳动习惯。

一、高中地理教材中劳动教育素材的内容维度与实践作用

完成劳动过程可以理解为劳动者与劳动对象之间形成正向反馈，使劳动对象向劳动者所期望的方向转化。地理核心素养能够很好体现地理学的本质，能够整合地理知识、技能、过程和方法、情感态度价值观的关系，帮助学生认识周围的地理事物。劳动要素（包含劳动场景、对象、成果、工具和价值观）可以帮助学生学习地理规律，用于研究不同区域背景的地理现象，可以锤炼高质量的思维品格。学会正确的劳动技能可以提升地理学科底蕴和内化地理核心素养。因此，地理核心素养与劳动观念和劳动技能的培养是相互促进的关系，图 1 即是劳动教育素材、地理学科核心素养与学生发展三者的对应关系。

---

* 通讯作者

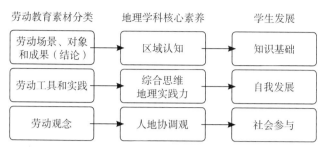

图 1　劳动教育素材分类、核心素养与学生发展之间的关系

针对教材中的劳动教育素材，可以通过创设情境、提供例证、增强体验和促进内化四个循序渐进的维度，发挥教育教学功能。[2] 创设情境主要指劳动场景和劳动对象，地理教材利用具有现实意义的情境，为学生在实际操作中理解较为陌生的地理事象和地理规律营造条件。提供例证指素材中的部分成果，帮助学生更好地认识相关地理规律。增强体验是劳动工具和劳动实践，通过让学生亲身体验劳动的过程，能让学生用地理思维思考现实问题，使学生看待地理现象具有更强的思辨性、科学性和创造性。实现内化指运用劳动素材提升劳动观念，激发他们的劳动热情和兴趣，内化劳动的价值观和行为准则，从而真正实现劳动教育的目标。

地理 2 侧重人口、城镇和乡村、产业区位选择和环境与发展四个方面的知识，涉及"衣、食、住、行、商"等人类社会的每个角落，劳动教育素材丰富（表1）。教材中丰富多彩的地理情境和地理事实，理性透彻的地理规律和地理调查实践，不仅呈现了人类劳动的真实场景，而且还能提升学生劳动参与度，开拓学生地理学习的视野，实现劳动教育的最终目的。

二、劳动教育融入高中地理课程的主要策略

劳动教育的完整过程可以概括为四个环节：学习工具的使用、了解工具的使用场景、运用工具解决实际问题、在劳动过程中形成价值观。因此，在高中地理课程中融入劳动教育，教师需要充分发挥劳动素材的育人功能，甚至需要结合课外材料

表 1　地理 2 中的部分劳动教育素材及其功能

章节	栏目	素材简介	素材类型	素材功能
人口	自学窗	胡焕庸线	劳动成果	提供例证
	问题研究	如何看待农民工现象	劳动实践	创设情境、增强体验
乡村和城镇	活动	调查学校附近某一功能区的形成和变化	劳动实践	增强体验
	案例	英国的城镇化进程	劳动成果	提供例证
	正文	地理信息技术在城市管理中的应用	劳动实践	增强体验
	活动	了解地理信息技术在城市出警中的应用	劳动实践	创设情境、增强体验
	自学窗	城镇分布与自然法则	劳动成果	提供例证
	活动	理解红河哈尼梯田所蕴含的地域文化	劳动成果	提供例证、社会参与
			课文插图	
	课文插图	福建永定土楼、北京老城的四合院	劳动成果	提供例证
	案例	人家尽枕河	劳动成果	提供例证
			问题研究	
	活动	调查当地特色文化景观及其保护	劳动实践	增强体验
	问题研究	从市中心到郊区，你选择住在哪里	劳动实践	创设情境、增强体验
产业区位因素	课文插图	吉林省抚松县某泉眼及泵站	劳动实践	提供例证、社会参与
	活动	调查所在城镇的主要商业中心	劳动实践	增强体验
	活动	了解地理信息技术在服务业中的应用	劳动实践	创设情境、增强体验
交通运输布局与区域发展	课文插图	青藏铁路的热棒	劳动成果	提供例证、社会参与
	案例插图	小村镇种植的大蒜	劳动成果	提供例证、社会参与
	正文	交通布局及变化对石家庄、株洲、扬州及新加坡等城市的影响	劳动成果	提供例证
	问题研究	城市交通如何疏堵	劳动实践	增强体验

续表

	课文插图	污染的形成	劳动成果	创设情境、增强体验、社会参与
环境与发展	课文插图	做一个可持续的消费者	劳动实践	社会参与
	活动	在学校中进行闲置物品交换	劳动实践	创设情境、社会参与
	自学窗	人地关系思想的历史演变	劳动成果	社会参与
			正文	
	正文	中国国家发展战略举例	劳动成果	提供例证、社会参与
	活动	了解学校所在省级行政区的主体功能区的划分	劳动成果	提供例证、社会参与
			问题研究	
	问题研究	低碳食品知多少	劳动实践	社会参与

对教材进行再开发。在教学中，教师可以采取如下策略。

（一）结合劳动场景，丰富劳动工具的教学，学习工具使用的方法与场合

地理学为劳动实践提供了多种有用的工具和方法。这些工具和方法不仅在解释地理现象和过程方面发挥着重要作用，也在区域规划、交通规划、环境保护等方面发挥不可或缺的作用。通过这些工具和方法，可以更好地了解城市的空间结构和发展趋势，从而更好地规划城市的未来，协调人地关系。同时，这些工具和方法也可以帮助学生更好地了解地球表面的自然环境和人文环境，适应和应对现实生活中的各种挑战。例如，地理信息技术是一个非常好的劳动工具。教师可以借助地理信息技术软件的空间分析功能进行授课，展示地理分析工具的使用过程，让学生学习地理工具的使用方法和步骤。例如，可以安排学生设计一个操作流程，对学校所在地的乡镇的主体功能区进行划分，让学生探究地理信息分析工具的使用方法和使用场合，提升学生的劳动素养。这样的教学方法可以丰富劳动工具的教学，探究教材劳动场景，让学生更好地掌握工具使用的方法与场合。

（二）运用工具尝试解决实际问题

地理学科是一门实践性很强的学科，它不仅有宽厚的理论知识，还需要通过模拟实验、实地考察等方式让学生亲身体验地理知识。[3]这些学习方式有助于帮助学生更深入地了解地理知识，培养他们的实践能力和劳动思维。在地理 2 的教学内容中，人文地理方面的知识是重点。这些内容涉及社会现象和人类活动，因此，学生可以通过社会调查这一重要方法来对这些现象进行调查和分析。通过这种方式，学生可以更深入地了解社会现象，提高实践能力和劳动能力。例如，在讲述"调查所在城镇的主要商业中心"的课程内容后，教师可以布置以"模拟商业活动运营"和"模拟商业活动选址"为主题的课后小组调查。在这两个调查中，学生需要考虑到商业活动的各种因素，如人流量、交通便利程度、竞争对手等等，然后选择一个最适合的商业活动选址和运营方式。通过这样的实践活动，学生可以运用劳动工具解决实际问题，提高实践能力，以达成劳动教育的目的。

（三）利用教材素材创设认知冲突，推动地理学解释

为了实现劳动目的和劳动过程，学生需要具备较强的解释能力，即能够准确地理解和解释劳动现象。创设认知冲突有助于促使学生意识到原有知识概念体系的不足，从而在解释问题的过程中感到迷茫，进而激发学生跳出思维定式，提高地理解释能力，达到更好地掌握地理知识的效果。例如，在"工业区位因素"的教学中，教材素材从成本角度分析了多种密集型工业类型区位选择的一般规律。但是，工业生产相较于农业和服务业而言更为复杂，其区位的选择也更需要考虑更多的因素。因此，在教学过程中可以利用实例让学生在认知上构成冲突，使学生形成对区位选择的地理学解释。例如，"福耀玻璃将工厂迁至美国"的实例可以用来构建认知冲突并实现认知提升。影响玻璃工厂的区位因素有消费市场、劳动力质量和价格、原材料供应、交通便捷程度、政策等几大因素，如果对比中国和美国可以发现，这几大因素中国并不会比美国差，但福耀玻璃将工厂迁至美国应当是有其中一个因素成为其选址的首要考虑因素。通过上述实例的分析讲解，形成区位选择分析的"比较优势"理念，最终形成正确的地理学解释。

（四）构建地理研学实践活动体系，实现劳动教育软着陆

地理研学实践是一种重要的学习方式，它有助于提高学生的劳动素养和实践能力。这种实践活动不仅仅是简单的参观和考察，更是一种深入的体验和学习。研学活动通常具有明确的目标和任务，例如实地考察、调研、模拟实验和访谈等，这些活动可以让学生更好地了解自然环境、社会经济环境、行业发展等各种实际情况。此外，研学活动还可以采用多种形式，例如，团体研讨、实验演示和调研报告等，这些活动可以让学生更好地理解不同的知识点和技能，并将所学应用于实践中。研学活动体系的建立，有助于提高学生的认知水平和综合素质，更好地实现知行合一，为未来的发展打下坚实的基础。

（五）项目式教学与主题融合，提升劳动协作能力，形成劳动协作观

项目式教学是实现素质教育的重要方法和手段，能够培养和提高学生解决实际问题的能力，具有实践性、综合性、合作性和自主性等特点。这种教学方式强调实践操作能力的培养，实质上是一个问题解决的过程，是一个完整的劳动实践过程。举例来说，当讲解"合理利用城乡空间的意义"时，可以采用项目式教学的方式，通过小组合作，共同完成城市规划设计。在这个过程中，学生需要运用各种工具和技能，进行创新设计和团体合作，最终通过成果展示和评估，深入学习和掌握各种劳动过程，如成果展示、创新设计等。通过项目式教学，学生能够更好地理解和掌握所学知识，同时也能够提高自己解决实际问题的能力。这种教学方式可以激发学生的学习兴趣和创造力，提高他们的劳动素养和地理实践能力，最终提升学生的综合素质，为他们未来的发展打下坚实的基础。

三、基于项目式教学的高中地理劳动教育案例

地理 2 有很多教学素材可以采用项目式教学的方法进行教学。本文以教材中第四章第一节"资金与交通运输布局"这一部分中的课文插图"图 4.6 青藏铁路的热棒"为基础，构建项目式的劳动教育案例。通过设置基础问题、构建认知冲突、提出驱动问题、设置开放性问题、活用高考真题等五个步骤，引导学生运用网络和图书资料等劳动工具，结合地理综合思维，解决实际问题。过程如图 2 所示。

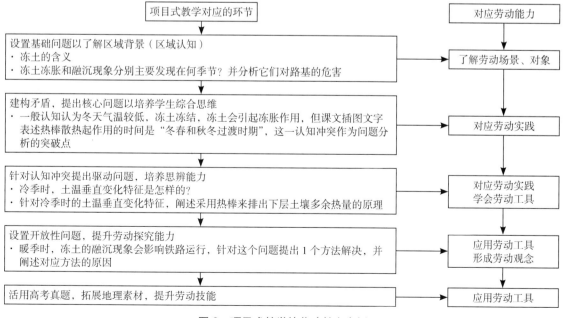

图 2　项目式教学的劳动教育案例

四、结语

地理教材中蕴含着丰富的劳动教育素材，为将教材素材与劳动教育理念相结合提供了坚实的基础。在教学过程中，可以采用项目式教学、实地研学考察等方式，将这些素材与劳动教育理念相结合，让学生将课堂上学到的理论知识融入实践和生活。这种教材处理方式和教学方法可以使学生更好地掌握地理知识，更深入地理解各种地理现象和地理规律。学生可以亲身体验和观察各种地理现象和地理规律，深度培养他们的观察力和思考力。将所学的理论知识应用于现实生产生活中，培养了学生的实践能力和创新精神，形成合作意识和团队精神。这些对于学生的未来发展和社会发展都具有重要意义。

参考文献：

[1] 中华人民共和国教育部.普通高中地理课程标准（2017 年版 2020 年修订）[M].北京：人民教育出版社，2020.
[2] 李文巍，吴富林.劳动教育融入高中历史学科教学的策略——以高中历史统编教材《经济与社会生活》中的劳动教育素材开发与使用为例[J].福建教育，2023（3）：50-53.
[3] 薛娜.基于地理实践力培养的高中研学旅行方案设计及实施研究[D].西南大学，2020.

基金项目：2022 年福建省龙岩市基础教育教学研究课题"信息技术在高中生地理综合思维素养培养中的应用研究"（JKYJX22-032）。

虚拟仿真实验在高中地理生物跨学科实验中的探索

——以"峨眉山垂直分异规律"为例

莫小雅　蒋庆丰 *

（南通大学地理科学学院，江苏 南通　226000）

摘　要：依托"峨眉山植被群落及生物多样性保护"虚拟仿真实验开展高中地理生物跨学科实验教学，将"自然环境的整体性和差异性"作为地理生物跨学科实验的切入点，从植被、土壤等自然要素出发，感知单一要素对自然环境的影响。观察垂直方向上生物群落特征的演变，感知海拔对山地自然环境的塑造作用，使学生深刻理解垂直地带分异规律蕴含的地理学、生物学原理，辩证看待自然环境内部与外部的差异与统一，培养学生人与自然和谐共处的意识。

关键词：虚拟仿真实验；地理生物跨学科实验；自然环境的整体性和差异性

　　《普通高中地理课程标准（2017 年版 2020 年修订）》提出"运用现代地理信息技术、模拟实验、野外考察等方法，提高学生解释地理事物和现象与认识自然环境的能力"[1]。《普通高中生物学课程标准（2017 年版 2020 年修订）》也提出要高度关注学生学习过程中的实践经历，通过探究性学习活动加深对生物学概念的理解。[2] 21 世纪，科学技术高度繁荣，虚拟仿真技术已经逐渐应用于教育领域，以信息技术应用为本质特征的虚拟仿真实验，为学生开展探究性学习、自主实验和创新实践提供了优质资源和开放平台。[3] 开展素养为本的跨学科实验，关注学生地理实践力、科学探究能力的培养，是地理课程综合化的具体表现。跨学科实验教学依托虚拟仿真实验平台，有效落实了跨学科实践教学，避免了跨学科教学的"研究化"趋向。本文选取高中课程内容"垂直分异规律"作为地理生物跨学科实验的主要内容，以"自然环境的整体性和差异性"为跨学科视角，探讨基于虚拟仿真实验的高中地理生物跨学科实验教学的展开。

一、虚拟仿真实验在地理生物跨学科实验教学中的优势

（一）打造自然环境虚拟实景，学生多感官交互激发学习兴趣

　　虚拟仿真实验应用虚拟仿真技术构建的"虚拟现场"和"虚拟环境"，使实验内容具象化，学生能够身临其境地去经历真实环境、操作过程和运行状态的变化。由于其沉浸性、交互性、虚幻性和逼真性的特点，能从视觉、触觉等多方面激发学生的学习兴趣，引发学生思考。传统实验教学中，理论教学与实验教学是分开的，借助虚拟仿真实验，可以将实验与理论课相融合，发挥实验教学的最大作用，促进学生对地理生物学科基础知识的掌握，加强地理生物学科间的横纵联系，从而更加深刻地理解自然环境。通过本文所设计的跨学科实验，学生可以实时辨认动植物虚拟仿真模型，识别与分析主要动植物特征，直观感受不同海拔的自然环境特征变化，掌握峨眉山植被群落的垂直分布规律和动物生存环境的多样性。

（二）整合优质学习资源，提升学生分析现实问题的跨学科思维

虚拟仿真实验搭载虚拟现实、多媒体、人机交互、数据库以及网络通信等新兴信息技术，为学生和教师提供搭载优质学习资源的免费网络平台。例如，在讲授"垂直地带性规律"知识点时，学生往往通过翻阅教材、教学参考书搜集学习材料，这些材料包含大量动物、植被、土壤的知识点，但它们只能通过单一的文字表格、图片形式在书本中呈现。地理、生物学科综合性极强，它们往往融合了多个领域的知识和方法。虚拟仿真实验平台课程资源丰富，单个实验中蕴含着丰富的知识库、素材库，为学生呈现出直观的学科知识网络。此外，虚拟仿真实验平台还可满足学生知识拓展的需要，帮助学生获取课堂上未曾涉及的知识与技能，提升学生运用跨学科视角去分析现实问题的能力。

（三）突破时间、空间限制，学生操作安全提高学习效率

地理学和生物学具有动态性的学科特性，地理现象和生命现象是不断变化的，研究地理生物学科需要结合时间尺度和空间尺度，而虚拟仿真实验平台可以很好地展现时空尺度的耦合。实验是地理生物学科的重要组成部分。虚拟仿真实验平台不受时空限制的优势，有效解决了地理生物跨学科实验对实验耗材的客观需求，很好地消除了各学校因实验准备时间长、实验准备繁琐、受实验场所及实验时间影响较大而无法开展真实实验的缺点。学生可根据自身学习水平与学习进度进行无限次练习。这既增加了学生试错容错的机会，又避免了普通跨学科实验中设备损耗、资金受限等问题。[4] 与此同时，不同于需要在真实场景中进行的普通跨学科实验教学不可控因素较多，虚拟仿真实验更加可靠、安全。

二、地理生物跨学科实验内容学理分析

地理学是研究地理环境以及人类活动与地理环境的科学，"自然环境的整体性和差异性"理论揭示了地理环境各要素、各部分之间相互联系、相互制约、相互作用的辩证关系，归纳了地理空间内的本质性规律和特征，是地理学的核心理论之一。该理论贯穿了高中阶段"自然地理"的学习，在培养学生综合思维、人地协调观等地理核心素养上起到了"脚手架"的作用。

自然环境是人类生存、发展的基础，生物多样性是极其珍贵的自然遗产，是人类生存和发展的基本条件之一。《普通高中生物学课程标准（2017 年版 2020 年修订）》中，明确指出了"生物学的学科属性决定了学科间的相互联系"，自然环境本身也是生物学的研究对象。垂直地带性是以山地的自然环境为依托，因此可以作为地理生物跨学科学习的主题。通过地理生物跨学科实验教学，能够让学生更清晰地认识自然环境和生命的本质，从而培养其科学思维，提高学生对地理生物知识的整合能力和跨学科学习能力。

自然环境的整体性可以从两个方面来理解（如图 1 所示）。一方面，各地理要素间存在复杂的相互关系并形成一个整体；各要素在特征上保持一致并与环境总体特征协同一致，自然地理特征主要包括气候、水文、地形、植被、动物、土壤等要素的组成与结构特征、形态特征、动态与分布特征。[5] 不同海拔高度的植被、土壤与生物的分布特征是相照应的，不同群落中的生物也都有适应其环境的特征。另一方面，地理环境中某一要素的变化会导致其他要素以至整个地理环境的变化。自然地理环境五大地理要素，即气候、水文、地形、植被、动物、土壤之间互相作用对植物生长也会产生各种影响。例如：由于海拔高度的急剧增高，土壤水热状况重新

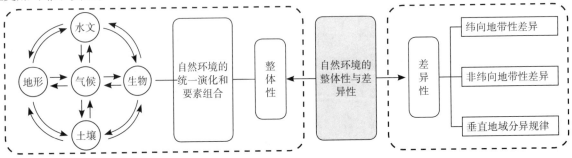

图 1　自然环境的整体性与差异性框架示意图

分配，因此生物因子发生明显的垂直分异。

地理环境的差异性主要是指地理环境中的纬向地带性差异、非纬向地带性差异及两者之间的辩证关系。垂直地域分异规律是一种独立的地理规律，它与纬向地带性规律和非纬向地带性规律既有联系又有区别，是从两者中派生出来的地域分异规律，又叫垂直地带性。不同海拔水热状况的差异，导致了山地垂直地域分异规律[6]，从而导致生物多样性。并不是任何一个山体都具有垂直地带性，只有山体达到一定高度，才有可能出现。

综上，提炼出本次跨学科实验的四个视角：① 从自然环境的单一要素——植被出发，归纳自然环境在垂直方向上的变化；② 从自然环境的整体性出发，在地理学科视角下，寻找自然环境中其他要素的差异，深化学生对垂直分异规律的理解；③ 从自然环境的整体性出发，以生物学科视角感知自然环境的单一要素海拔高度变化对群落特征的影响；④ 从人与自然环境的相互关系出发，认识生命系统与环境的关系，树立和谐相处的人地观念。

三、虚拟仿真跨学科实验活动设计流程与思路

（一）选择虚拟平台

峨眉山，位于四川盆地向青藏高原过渡地段，世界文化与自然双重遗产，素有"峨眉天下秀"之美誉，拥有亚热带山地保存最完好的原始植被景观，是中外学者教学研究的天然实验室。本跨学科实验充分运用国家虚拟仿真实验教学课程共享平台（https://www.ilab-x.com/）中四川师范大学开发的"峨眉山植被群落及生物多样性保护虚拟仿真实验"开展地理生物跨学科实验课程。

（二）梳理实验知识点

人教版教材高中地理选择性必修一第五章"自然环境的整体性与差异性"第二节"自然环境的地域差异性"中的"山地垂直地域分异规律"，指出自然现象在高大山体上呈垂直的带状分异，即垂直地域分异，又叫垂直地带性。人教版教材高中生物选择性必修二第二章"群落及其演替"中的知识点"不同群落中的生物具有与该群落环境相适应的形态结构、生理特征和分布特点"及第四章"人与环境"第二节"生物多样性及其保护"中的"生物多样性"，即生物圈内所有植物、动物和微生物等，它们所拥有的全部基因，以及各种各样的生态系统，共同构成了生物多样性。

峨眉山气候的垂直分异性，导致各带水热状况的明显差异，亦引起各种生物群落的特殊组合并形成地带性分异。学生通过仿真实验的虚拟调查、动植物辨认，掌握动植物的调查与分析方法，直观了解峨眉山生物多样性的同时，感知峨眉山生物群落的垂直分异规律。

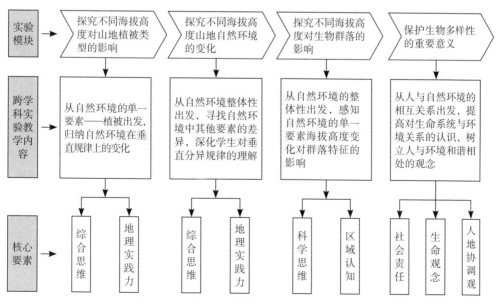

图 2　跨学科实验流程图

（三）设置实验流程

本跨学科实验设置四个任务关卡：① 探究不同海拔高度对山地植被类型的影响；② 探究不同海拔高度山地自然环境的变化；③ 探究不同海拔高度对生物群落的影响；④ 保护生物多样性的重要意义。每一关卡对应特定课标要求，在关卡开始设置问题，同时依据课标要求设置实验任务手册模块，最后对于学生完成任务情况进行分析。

四、"峨眉山大冒险"虚拟仿真跨学科实验过程

关卡一：探究不同海拔高度对山地植被类型的影响

【问题设置】峨眉山最高处海拔 3 099 米，从山麓到山顶温差巨大。请观察并识别峨眉山不同保护区的特色植物，归纳位于不同海拔保护区的典型植物的特点。

【课标要求】运用图表及实例，分析自然环境的整体性和地域分异规律；通过野外观察或运用视频、图像，识别主要植被，说明其与自然环境的关系。

【实验手册模块】学生分别进入桫椤保护区（700 m）、清音阁（730 m）、生态猴区（1 000 m）、珙桐和报春花保护区（1 900 m）、杜鹃保护区（2 400 m）和冷杉林保护区（3 000 m），在不同保护区的预设漫游路线内，右击鼠标移动调整视角，左击鼠标查看植被详情，认真观察不同海拔高度植被。按要求完成填空，如表 1 所示。

表 1 实验手册任务一

保护区（海拔高度）	主要植被	植被特征	植被带名称
冷杉林保护区（3 000 m）			
杜鹃保护区（2 400 m）			
珙桐和报春花保护区（1 900 m）			
生态猴区（1 000 m）			
清音阁（730 m）			
桫椤保护区（700 m）			

【学生活动情况分析】① 大部分学生可以较为容易地识别出各海拔保护区的主要植被，但对植被

特征进行描述时却只能说出大小、颜色，无法概括随海拔升高植被特征变化的规律，同时在判断植被的植被带环节也存在困难。② 教师可以适时给予学生帮助，如自然带从山麓到山顶的自然带谱，与从当地向高纬方向的水平自然带谱相似；山麓的自然带基本上与当地水平自然带相一致。同时引导学生充分利用仿真实验植被知识栏中展示的内容。

【素养落地】学生完成实验手册模块后，能够感知在不同海拔高度植被特征和植被带不尽相同，且植被在垂直方向上存在一定规律，深化了对垂直分异规律的理解。在识别各海拔保护区主要植被及特征的环节中，学生需借助虚拟仿真实验平台，观察不同海拔高度植被，感知其变化，从而培养了他们的地理实践力；在鉴别易混淆的植被时，如光亮峨眉杜鹃和峨眉银叶杜鹃，学生利用虚拟仿真实验平台自带工具进行区分，利于学生科学探究素养的培养；同时学生需要归纳、总结不同海拔的植被特征变化规律，并借助已学知识和所得资料判断植被带，体现了综合思维素养。

关卡二：探究不同海拔高度山地自然环境的变化

【课标要求】运用图表并结合实例，分析自然环境的整体性和地域分异规律。

【问题设置】峨眉山海拔温差巨大，由山麓到山顶，你认为什么是影响植被垂直分异变化的主导因素？小组合作讨论并给出理由。

【学生活动分析】学生讨论过程中思维活跃，可以讨论得出随海拔升高，气温降低，因此不同海拔高度保护区的气候类型不同，气候出现垂直方向上的变化，这导致各带水热状况的明显差异，最终引起峨眉山植被垂直变化。

【问题设置】峨眉山山麓到山顶的巨大高差所致各保护区的气候类型差异，水热状况差异明显，这除了会引起植被的垂直分异，还会影响什么要素呢？试完成实验手册。

【实验手册模块】学生分别进入清音阁（730 m）、珙桐和报春花保护区（1 900 m）、杜鹃保护区（2 400 m）及冷杉林保护区（3 000 m），在不同保护区的预设漫游路线内，右击鼠标移动调整视角，左击鼠标观察土壤，完成填空如表 2 所示。

表 2　实验手册任务二

保护区 （海拔高度）	土壤 颜色	土壤 质地	土壤 类型
冷杉林保护区（3 000 m）			
杜鹃保护区（2 400 m）			
珙桐和报春花保护区 （1 900 m）			
清音阁 （730 m）			

【学生活动情况分析】大部分学生能够将关卡一中观察植被的经验迁移运用到观察土壤中来，相比于关卡一的完成情况，学生在关卡二的完成质量更高。① 土壤的基本属性：大部分学生能够直接识别出不同海拔高度保护区土壤颜色的变化，但对土壤质地的描述不够准确。② 土壤的类型：学生在土壤的类型判断环节存在困难，较少能完整说出随海拔升高土壤类型的具体变化，但能够发现土壤在垂直方向上存在一定的变化规律。

【素养落地】以植被这一要素作为引导，辅以土壤要素作为巩固，观察自然环境在不同海拔高度上的不同表现，深化对自然环境整体性的理解。完成关卡一后学生发现植被在垂直方向上存在一定规律，在关卡二中学生在实验手册的问题引导下，发现除植被要素外，还有其他要素存在相似规律，由此明晰了"各要素在特征上保持一致并与环境总体特征协同一致"的自然环境整体性概念理解。学生借助虚拟仿真实验，识别土壤颜色、质地，观察土壤在不同海拔高度的山地自然环境中的变化，有利于培养高中生的地理实践力素养；峨眉山海拔高度变化会影响在此自然环境中植被、土壤要素类型，植被和土壤要素相互作用、相互影响，学生认识到自然环境是由各个要素组成的综合体，这体现了综合思维素养。

关卡三：探究不同海拔高度对生物群落的影响

【问题设置】本关卡设置了三个递进的问题链。

问题 1：虚拟仿真实验带我们浏览了峨眉山的自然环境，在自然环境中会存在很多群落，你认为的群落是由哪些部分组成呢？群落的概念是什么？

问题 2：峨眉山不同海拔高度上的群落组成如何？

问题 3：不同群落的物种数目有什么区别？

【课标要求】不同种群的生物在长期适应环境和彼此相互适应的过程中形成动态的生物群落。

【实验手册模块】如表 3 所示，学生分别进入清音阁（730 m）、珙桐和报春花保护区（1 900 m）、杜鹃保护区（2 400 m）及冷杉林保护区（3 000 m），在不同保护区的预设漫游路线内，右击鼠标移动调整视角，左击鼠标观察峨眉山在不同海拔高度的生物群落，请借助虚拟仿真实验，描述不同群落的物种组成。

表 3　实验手册任务三

保护区 （海拔高度）	土壤 类型	物种 组成
冷杉林保护区（3 000 m）	暗棕壤和 灰化土	
杜鹃保护区（2 400 m）	暗棕壤	
珙桐和报春花保护区 （1 900 m）	黄棕壤	
清音阁 （730 m）	黄壤	

【学生活动情况分析】问题 1：学生小组讨论群落组成，部分学生只考虑到动物、植物，微生物容易被遗漏，最后得出群落概念；问题 2：学生借助虚拟仿真实验平台识别各海拔高度群落中的动物、植物、微生物，顺利完成实验手册填空，学生通过实验手册任务清晰感知高度对群落特征的影响；问题 3：学生发现海拔越高，物种数目越少，海拔越低，物种数目越多。教师对于学生答案给予反馈，并总结物种组成是区分不同群落的重要特征，不同群落中种群的种类和数目差异很大。学生领悟到在生态学中，群落中物种数目多少常用物种丰富度表示。

【素养落地】本关卡要求学生认识生物学科有关群落的基本概念及群落特征随海拔高度的变化。学生通过观察不同海拔的环境特征，得出群落概念，培养了科学思维素养；学生将不同海拔的群落进行对比，完成实验手册任务，最后得出"随着海拔升高，物种丰富度下降"的结论，培养了区域认知素养。

关卡四：保护生物多样性的重要意义

【实验材料】

资料 1：大熊猫列入《濒危野生动植物种国际

贸易公约附录Ⅰ、附录Ⅱ和附录Ⅲ》（CITES）2019 年版附录Ⅰ；列入《世界自然保护联盟濒危物种红色名录》（IUCN Red List）；列入中国《国家重点保护野生动物名录》（2021 年 2 月 1 日）一级。

资料 2：自 19 世纪后半叶，法国传教士阿尔芒·戴维将大熊猫作为新物种介绍到海外后，西方国家掀起了一股"熊猫热"。猎奇者纷纷来到中国，想要捕猎这种珍稀动物，而当时的中国千疮百孔，根本无力阻止这种掠夺行为。

资料 3：大熊猫是中国文化的重要组成部分，可以预示好运和吉祥，被认为是中华民族的象征。在全球范围内，大熊猫也成了和平、友谊和合作的象征，受到世界各地人们的喜爱和尊重。

资料 4：北京冬奥会吉祥物"冰墩墩"以大熊猫为原型。

资料 5：随着大熊猫的走红，一系列与之相关的视频号、直播号、周边产品也行情暴涨。一代凶禽猛兽，凭一己之力挖掘了"卖萌"这一行为的经济价值，为社会经济的发展做出了独特的贡献。

【问题设置】本关卡设置了四个递进的问题链。

问题 1：在虚拟仿真实验的冷杉林保护区（3 000 m）中生活着一群大熊猫，思考大熊猫的生活环境和其他生物的生活环境有何不同？

问题 2：阅读资料 1~2 思考，大熊猫为何重要？

问题 3：阅读资料 3~5 思考，大熊猫有何价值？完成实验手册任务。

问题 4：大熊猫是世界上最具代表性的珍稀动物之一，却几番濒临危险，我们该如何保护生物多样性，请提出应对的措施。

【课标要求】概述生物多样性对维持生态系统的稳定性以及人类生存和发展的重要意义，并尝试提出人与环境和谐相处的合理化建议。

【实验手册模块】阅读资料，了解大熊猫的价值。

【学生活动】活动 1：学生以 3 000 m 海拔中生活的大熊猫为切入点，思考"大熊猫的生活环境"与"其他生物的生活环境"的区别，以头脑风暴的方式列举不同生物生存环境的独特之处，快速总结归纳生物多样性的内涵。活动 2：学生认识到大熊猫的珍贵程度，由此引出保护生物多样性是否重要的探讨。活动 3：学生通过任务认识到大熊猫的价值，保

护生物多样性意识由此建立。活动 4：学生观察到虚拟仿真实验中各个海拔的保护区，由此展开讨论。各小组提出想法：① 设置保护区，制订具体的保护管理措施；② 积极开展引种栽培和繁殖试验，扩大其分布区；③ 宣传自然环境的重要性，树立正确的人地关系观念。

【素养落地】以冷杉林保护区中出现的大熊猫为切入点，引发学生保护生物多样性的意识；完成实验手册任务的过程中，认识到大熊猫的价值，树立起保护生物多样性的意识，体现了生命观念素养；由大熊猫现状，引出思考保护生物多样性的应对措施，培养学生的社会责任和人地协调观素养。

五、结语

"垂直分异规律"是地理学经典的理论之一，本文依托虚拟仿真实验平台设计以"垂直分异规律"为中心的地理生物跨学科实验，极大丰富了教师的实验教学手段，深刻促进了学生对自然地理现象及其背后科学原理的理解与应用。虚拟仿真跨学科实验的高度交互性和沉浸感，使学生可根据自己的兴趣和需求，自主选择实验路径和观察点，增强学习的主动性和探索欲。实验手册设计了一系列由浅入深、层层递进的任务链，引导学生在趣味情境中完成学习任务，逐步构建起对垂直分异规律的系统认知，指向学生解决实际问题的核心素养的培育，真正将知识运用于日常生活的各方面。

参考文献：

[1] 中华人民共和国教育部. 普通高中地理课程标准（2017 年版 2020 年修订）[M]. 北京：人民教育出版社，2020.

[2] 中华人民共和国教育部. 普通高中生物学课程标准（2017 年版 2020 年修订）[M]. 北京：人民教育出版社，2020.

[3] 王卫国，胡今鸿，刘宏. 国外高校虚拟仿真实验教学现状与发展[J]. 实验室研究与探索，2015，34（5）：214-219.

[4] 李海林，孙永娟，鄂崇毅. 虚拟仿真实验在中学地理教学中的应用[J]. 中学地理教学参考，2022，（16）：8-9，13.

[5] 张立峰，王向东. 基于地理学"整体性"思想的中学地理教学策略研究[J]. 课程·教材·教法，2012，32（8）：101-106.

[6] 牛文元. 自然地带性的理论分析[J]. 地理学报，1980，（4）：288-298.

基于学科融合的初中地理跨学科教学实践

——以"长江三角洲"双师课堂为例

张林林[1]　韦嘉羽[2]

（1. 南京市力人学校　2. 南京师范大学附属中学树人学校，江苏 南京　210036）

摘　要： 基于学科融合的地理跨学科教学应以地理教学为主，其他学科辅助课堂教学，旨在研究在地理教学与其他学科的教学中如何相互渗透。双师课堂为地理跨学科教学提供了良好的契机，双师同堂教学时，营造友好的师生交互行为和课堂气氛，可以促进师生关系的良性发展，有效地开展教学，从而实现教学目标的达成和学生综合素养的培养。本文从跨学科教学的必要性、双师课堂的实施和课后反思三个部分探讨地理跨学科教学双师课堂的探索与实践，为传统单一教师课堂教学环境下开展此类课程提供一定的参考价值。

关键词： 初中地理；学科融合；跨学科教学；双师课堂

《义务教育地理课程标准（2022 年版）》（以下简称新课标）指出，义务教育地理课程初步揭示自然环境各要素之间、自然环境与人类活动之间的复杂关系，从不同角度反映地理环境的综合性，要求在研究和认识地理环境时应具备综合的思维。[1] 新课标中指出，地理综合思维是指人们运用综合的观点认识地理环境的思维方式和能力，是地理学习的基本思维和方法，是地理核心素养的重要组成。21 世纪的地理学，即将发展成为一门理论与应用并举的两栖学科，在理论化和数量化基础上进一步综合化、生态化、社会化，更好地培育具有综合思维的全方位人才。因此，基于学科融合的角度，着眼于地理学科和其他学科之间的融合，尝试地理跨学科教学。

一、跨学科教学的必要性

为了便于学生学习，传统的学校往往采取分科教学的形式，设置不同门类的学科，每门学科有自己的教材、教师、教法等，无形当中割裂了一些跨学科共通的概念，进而忽视了学科之间的联系。长此以往，不利于培养学生的综合思维，很难促进学生的全面发展。这与在地理新课标中的"综合思维"，即努力培养人们综合地认识地理环境及人地关系的思维方式和能力大相径庭。因为人地系统是一个综合体，需要从多种地理要素相互联系、时空变化等角度加以认识。综合思维的培育，有助于学生形成系统、动态、辩证地看待问题的思维方式，树立求真务实、开拓创新的科学精神。

跨学科教学包含多个方面：所跨学科各自的核心知识与能力，如地理、历史跨学科学习中的地理概念和历史概念，所跨学科共通的概念；跨学科素养中还包含 21 世纪技能 / 学习素养（如批判性思维、创造性思维、沟通和协作能力）等通用能力，以及与所跨学科相关的价值观，[2] 如历史中的人文知识也可适当运用于地理课堂教学。[3] 我们可以尝试引历史的时空观念入核心素养，结合时间和空间的角度分析这些区域兴起与发展的原因，这样不仅可以调动学生思考的积极性，也能拓宽学生的思路，让他们学会从多角度分析与理解地理，进一步提升他们的"综合思维"这一地理核心素养。

二、以"长江三角洲"为主题的地理、历史双师课堂实践

长江三角洲（简称"长三角"）是一个具有多重意义的概念。既有自然地理的概念，也有经济地理的概念，还有文化地理的概念。不同历史时期对长江三角洲范围的划分也不相同。地理教材选择了一般意义上的长江三角洲地区，范围包括上海市、江苏省南部和浙江省北部。由于长江三角洲的特殊地位，地理、历史、语文等教科书中，都会提到长江三角洲地区，但所研究的角度是不同的；同时，长江三角洲也是江浙一带大多数学生自幼生活的地区，因此，有关长江三角洲的知识在学生的知识体系中占重要地位。以地理和历史相结合的方式对长江三角洲发展过程进行探究，有助于学生将不同学科的知识联系起来，从多角度了解自己所生活的地区，从而获得丰富的知识背景，在学习关于长江三角洲的知识以及在了解自己家乡文化时，能够有更深刻的理解，从而进一步增强对家乡的热爱。

（一）跨学科课堂教学的目标

基于新课标的要求及对地理、历史教材和学情的分析，制订了本节课的教学目标。

表 1 融入劳动价值观的地理课程学习目标

学科	教学目标
地理	1. 根据图、文资料，描述长江三角洲的区域范围，并分析其地理位置："江海交汇之地"的优越性 2. 运用地图说出长江三角洲的地形、气候、河湖特点 3. 了解河流对于长江三角洲地区发展的作用，分析该地区成为"鱼米之乡"的原因，从而形成因地制宜、人地协调的观念 4. 结合图片和文字等资料，说明长江三角洲地区独特的地方文化特色对当地旅游业发展的影响
历史	1. 知道从两汉至南宋时期江南地区开发的史实，通过研读史料分析江南地区开发的原因，结合时间轴和地图了解江南地区开发的经过 2. 通过对图表、文字等材料的分析，对比开发前与开发后的江南地区，体会该地区发展的表现及其对整个中国发展的影响 3. 江南地区开发的史实，感受江南地区的繁华富饶，理解人民群众对于推动历史发展进程的作用，意识到和平、稳定才可以促进社会经济发展

（二）跨学科教学的学科融合

本次跨学科教学课程旨在尝试打破学科壁垒，形成历史和地理知识与学科的融合，让学生用多学科的思维去理解知识，根据历史和地理的教学目标，确定两个融合点。

1. 跨学科知识

梳理地理学科内容发现，有人教版初中地理八年级下册第七章第二节"'鱼米之乡'——长江三角洲地区"；梳理历史学科，不难发现涉及江南地区的课程内容有，人教版初中历史七年级上册第四单元第 18 课"东晋南朝政治和江南地区开发"，七年级下册第二单元第 9 课"宋代经济的发展"，这两课都与江南地区经济的发展有关。由此确立学科知识的融合点，实施地理、历史双师课堂的跨学科教学，开发跨学科课程"长江三角洲"。

2. 综合核心素养

从地理学科和历史学科的核心素养分析得出，历史学科的时空观念核心素养与地理学科综合思维核心素养里的时空要素相综合，无论是哪门学科都对学生的时空观念的掌握做出了要求，因此我们从时空观念的角度出发，确立核心素养的融合点。

长江三角洲既有自然地理的概念，也有经济、文化地理的概念，是一个具有多重意义的概念，不同历史时期对长江三角洲范围的划分也不相同。长江三角洲的形成和发展，是多个地理要素共同作用的结果，也是人类活动与区域相互影响的典型案例，充分体现地理综合思维的要素综合和区域综合。历史课本中的江南地区是中国最繁华富庶的地区之一，但它并非自古都如此发达，而是经历了一个漫长的发展过程。历史书中"东晋南朝政治和江南地区开发"和"宋代经济的发展"的江南地区的地理范围恰好与长江三角洲高度重合，由此确立学科知识的融合，将这两节历史课的相关知识以跨学科教学的方式融入"长江三角洲"这一课，从而弥补了地理教学中对历史背景分析不足的缺憾，也能够使课堂更加精彩。

因此本节课以地理教师为主导，历史教师为辅助实施地、史双师课堂的跨学科教学。[4] 所以，选择"长江三角洲"来尝试跨学科教学。授课对象为八年级的学生，他们具备一定的关于古代江南地区的历史知识背景与相关的地理概念。

（三）教学过程

本课的教学以地理学科为主，因此在教学过程中，以地理教师为主导，历史教师为辅助。长江三角洲是整个长江流域，甚至整个中国最具代表性的

区域，其形成、演进依赖于这个地区、长江流域、整个国家的发展。所以，选择"长江三角洲"来尝试跨学科教学。而教学过程中，历史老师负责阐述长江三角洲开发的历史背景，以两汉至南宋为界，探究江南地区变繁华的原因。

地理教师用"上有天堂，下有苏杭"的诗句与现代江南的图片引入长江三角洲地区这一概念，引导学生思考：长江三角洲地区是否自古至今都如此繁华？从而导入本节课的内容。

1. 地理教师介绍长江三角洲的概况

1）长江三角洲的位置与范围

教师引导学生读长江三角洲地区行政区划图，指出长江三角洲大致的范围，并描述长江三角洲位置特征。

学生读图找到长江三角洲并分析其位置特点：长江三角洲大约地处 30°N ~ 32°N，处于低纬度和中纬度交界处，纬度位置较低；东临黄海、东海；主要范围包括上海市、江苏省南部和浙江省北部。

2）长江三角洲的自然地理特征

【学生活动 1】学生根据教材中的地形图、气候图自主探究长江三角洲的自然地理特征。

（1）气候特征：长江三角洲的气候类型为亚热带季风气候，夏季炎热多雨，冬季温和少雨，年降水量在 800 毫米以上。对比同纬度的成都与上海，上海市各月降水量较成都市均匀，影响因素为海陆因素，气候湿热，所以饮食比较清甜。

（2）地形特征：长江三角洲以平原为主，大部分地区地势较低，主体为长江以南的太湖平原，零星散布着一些小山丘。

（3）河湖特征：（学生在地图上找出长江、钱塘江、太湖，并圈注）长江三角洲河湖密布，湖泊星罗棋布，水源充足，河产丰富。

河湖联系：京杭运河沟通了长江和钱塘江两大水系。

水文特征：长江三角洲江阔水深，水流平稳，有利于水运。

教师提问学生：长江三角洲的河湖特征对农业、交通有何影响？

学生小结：河流为长江三角洲地区提供灌溉水源，有利于农业的发展；还为长江三角洲地区提供便利的水路交通，有利于其对外联系。长江联系了内陆地区，沟通南北。

（4）土壤特征：由于这里是冲积三角洲平原，农耕历史悠久，经过长期耕作，形成了肥沃的水稻土。

教师归纳长江三角洲地理自然环境的优越性，分析其产业发展：长江三角洲是江海交汇之地，有着发达、便利的水运交通；地形平坦开阔，以平原为主；河流平缓，河网密布，湖泊众多；气候为亚热带季风气候，夏季高温多雨、雨热同期，水热条件充足；该地区主要农业类型为渔业和种植业。

① 渔业：展示淡水渔业、桑基鱼塘照片，并引导学生思考长江三角洲为什么被称作"鱼米之乡"。

② 种植业：粮食作物——水稻；经济作物——油菜，茶叶，桑蚕。

【过渡】长江三角洲地区如今称得上是"上有天堂，下有苏杭"，但是历史上，该地区并非一直如此发达，下面历史老师介绍长江三角洲的前世今生。

2. 历史教师引导学生思考开发江南地区发展历史过程及社会条件

历史教师指出地理教师介绍的江南地区的地形、河流、气候三个因素在现代看来是优势条件，但在两汉时期，由于人口数量少、生产力水平和技术水平低下等原因，广阔的平原、密布的河网、湿热的气候却是江南经济发展的阻碍。历史教师回忆两汉时期人口分布情况与生产力发展状况，并结合常识，让学生分成三组，分别对地形、河流、气候三个因素进行讨论，思考在两汉时期它们成为阻碍江南地区发展的原因。

【学生活动 2】学生分三组讨论，并提出对策。

第一组学生：江南地区多广阔的平原，然而在两汉时期，这里地广人稀，劳动力不足，农业生产技术落后，无法对这里的土地进行较好的开发利用。三次北方人口南迁，带来大量劳动力以及先进的生产技术与工具。

第二组学生：江南地区河湖密布，虽然可以带来充足的水源，但在技术落后的两汉时期，这些河流阻碍了人们的交通；加上这里夏季多雨，会造成洪水泛滥，威胁着人们的生命财产安全。因此人们修建水利工程，发展造船技术。

第三组学生：江南地区夏季高温多雨，湿热的天气会引起身体的不适，也会滋生病菌、蚊虫等，给人们的生产生活带来不便。自然环境变暖，以及人类活动导致江南地区气候变暖。

师生小结：北人南迁，带来了丰富的劳动力、先进的生产技术和生产工具，促进江南地区的开发。南宋时期，江南已然成为中国的经济重心，因此范成大才会感慨："上有天堂，下有苏杭。"

【过渡】那么现代的长江三角洲是怎样发展的？

3. 地理教师介绍长江三角洲的现代发展状况

【学生活动 3】：观察教材中的长江三角洲城市分布图，梳理长江三角洲的现代发展状况。

（1）目前，长江三角洲地区是我国城市分布最密集、经济发展水平最高的地区，是我国最大的城市群。历史名城：南京（著名的古都）、杭州、苏州、扬州（长江与京杭大运河交汇处）。

（2）上海——长江三角洲的核心，上海港的货物吞吐量和集装箱吞吐量均居世界各港口第一位。上海是全国高水平的工业基地、经济中心和文化中心，是享誉世界的国际化大都市，是中国规模最大的城市。浦东新区是国际区域性经济、金融、贸易、航运中心。

（3）南京——长三角北翼的中心城市，南京是江苏省省会，有"六朝古都"的美誉，是我国东部主要的电子、汽车、化学工业基地，也是江苏省最大的交通运输枢纽和教育科研基地。南京港是中国内河航运第一大港。

（4）杭州——长三角南翼的中心城市，杭州是浙江省省会，号称"中国丝都"。

（5）宁波港是中国特大型深水良港，货物吞吐量在中国沿海港口中名列前茅。

（6）苏州是江苏省的东南门户，是长江三角洲重要的经济、文化和旅游中心。苏州高新区是中国著名的外向型高科技产业基地。昆山是长江三角洲北翼的新兴工商业城市，综合实力跃居全国百强县之首，"百戏之祖"昆曲发源于此。

4. 总结

长江三角洲位于长江下游地区，地理位置优越，从而影响了它的自然地理特征：河湖密布，地势低平，土壤肥沃。加之属于亚热带季风气候，水热充足，使得长三角地区成为著名的"鱼米之乡"，自古就是我国重要的粮食产区和淡水鱼产区。但历史上的长江三角洲地区因人口、技术与工具匮乏，广阔的平原、密布的河网、湿热的气候成为阻碍其发展的因素。后来北人南迁，带来了丰富的劳动力、先进的生产技术和生产工具，从而将三个阻碍因素转化为有利条件，推动了长江三角洲经济进一步的发展。同时，它地处"黄金海岸"和"黄金水道"交汇处，交通条件优越。经济的繁荣带动本区城市化快速发展，形成密集城市群。经济、交通、城市的发展对人们生活方式和生活质量产生重要的影响。

三、基于学科融合的地理跨学科教学实践反思

地理学是一门综合性学科，既关注自然环境及其变化，也探讨人类活动与地理环境的关系，是自然科学与社会科学的交叉学科。这就使得地理跨学科教学形式多样，且可以与多学科的知识建立联系，但这对学生、对教师、对课堂做出了更高的要求。

第一，突出本学科的相对独立性。一方面，地理跨学科教学需要找到与其他学科的关联之处，而这种关联处不是随意的、零碎的，而应该成为学生学习地理知识的帮手，为学生学习地理提供新的角度。另一方面，地理跨学科教学虽然需要与其他学科相结合，但地理知识的主导地位不能因此被取代。我们要明确这节课首先是一节地理课，其次才是跨学科的融合课。因此，我们要坚持以地理综合思维为主导，不能迷失了基本的方向。这节课历史学科作为辅助，提供的是对长江三角洲的开发历史背景的铺垫，即让学生结合特定的历史条件去理解为什么两汉时期江南经济是落后的，再结合史实去分析后来江南地区又是如何化劣势为优势的。实际上，这也体现了地理、历史两门学科所共有的"时空观念"核心素养，学生要学会在特定的时空框架下看待长江三角洲的动态发展。

第二，拒绝堆砌知识点，考虑课堂容量。由于跨学科的课堂包含一门以上学科，因此内容相对普通的单学科课堂教学来说要多。但课堂时间与学生接受知识的能力有限，将所有跨学科知识全部灌输

给学生是不现实的，课堂要以地理的内容为主，其他学科的知识服务于地理知识，更不能本末倒置，丧失地理课的本质。

第三，跨学科逻辑清晰。跨学科教学的学科逻辑在于改变传统的封闭式课堂教学格局，打破各个学科之间相互隔绝的状态，厘清各学科之间融合的逻辑点。由于学科的不同，对一些概念的界定也有所区别，现实世界的问题往往需要多学科知识的综合运用才能得到有效解决，比如"长江三角洲"这节课中，地理学科中的"长江三角洲"地区，在历史书中很少被称为"长江三角洲"，而提到的是"江南地区"，因此在课堂上要将这一概念解释清楚，否则会造成学生思维的混乱。这有利于促进跨学科知识的综合运用，培养学生的综合素质和解决实际问题的能力。

跨学科教学有利于开阔学生视野，增进对知识的理解，提升学生的综合能力。提升初中生的地理核心素养是地理教学的价值与目的，而跨学科学习是使核心素养落地的重要教学手段。双师课堂中，多学科教师优势互补，通过创设真实的地理学习情境，习得解决复杂问题的能力，促进地理综合思维的形成，提升地理核心素养，为学生的发展打下坚实的基础。

参考文献：

[1] 段玉山，杨昕，丁荣，等.《义务教育地理课程标准（2022 年版）》修订解读［J］.全球教育展望，2022，51（6）：57-66.

[2] 夏雪梅.跨学科项目化学习：内涵、设计逻辑与实践原型［J］.课程·教材·教法，2022，42（10）：78-84.

[3] 赵正然.双师型教师及其培养策略的研究［D］.天津：天津师范大学，2006.

[4] 钟凯雯.学科融合视角下"地理 +"双师同堂教学初探［J］.地理教育，2022（6）：23-25.

基金项目：2021 年度南京市教育科学"十四五"规划专项课题（LXD/2021/23），2022 年度南京市教育科学"十四五"规划专项课题（SJZX/2022/006）阶段性研究成果。

陶行知劳动观渗透下的初中地理教学实践

——以"一粒米"校本课程为例

李灏安

（江苏省太仓市双凤中学，江苏 太仓 215416）

摘　要：将劳动教育融入地理课堂教学，可以体现地理课程的实践性，从地理核心素养培育角度具有重要性和必要性。本文以校本课程"一粒米"为例，以陶行知劳动观为出发点，通过对陶行知劳动观渗透下的初中地理教学实践研究探讨劳动观念和地理核心素养培育的联系，以"一粒米"的前世今生阐述在教学实践中的价值观培育策略，从价值观教育层面践行教育家理念。

关键词：陶行知劳动观；初中地理；校本课程

人民教育家陶行知先生提出了其劳动观：目的是涵养品性、增进自立；内容是围绕生活、展开教育；方法是教学做合一等。[1]就陶行知关于劳动教育目的的观点来看，为了追求"手脑相长，增进自立之能力，获得事物之真知以及了解劳动者之甘苦"，缺少不了劳动实践。由教育部印发的《大中小学劳动教育指导纲要》指出，广大教师应以崇尚劳动、热爱劳动、辛勤劳动、诚实劳动为目标培育青少年的正确劳动观。现如今，劳动从综合实验课程中分离成为独立学科，凭借着其独特的学科特性，可以有机渗透至其他课程中去。[2]一方面，陶行知劳动观对我国劳动教育具有指导作用，另一方面，劳动教育融入其他学科课堂教学案例较少。本文以"一粒米"校本课程为例，阐述陶行知劳动观渗透下的初中地理课堂教学实践。

一、一粒米"来之何处"：陶行知劳动观融入地理教学的切点

一线教师已经在日常教学中不断发现地理学科的实践价值。在《义务教育课程方案（2022 年版）》也阐述了"加强课程综合，注重关联、突出实践"的基本原则，这与地理课程的实践性和综合性不谋而合。而将劳动观念融入学科教学中的重要性而言，无论是课程理念还是新时代教育教学所需，在教学中进行新的实践探索迫在眉睫。但是受限于时空条件等客观因素的限制，以及难以平衡学科教学和劳动观培育之间的切点，便难以推进教育改革。过去的劳动教育多是通过讲座、视频等渠道帮助学生了解劳动的价值，偏重于劳动知识的传授，忽略了劳动技能的培养和实操能力的落地，抑或是阵地建立在班会课等所谓"边缘课程"。受到教学资源等时空条件的限制，难以真正落地切身实地地培育学生的正确劳动观念。

因此，对一线教师来说，更好地去研读课标，依标教学，利用好身边和学校平台提供的教学资源，寻找到地理教学体现劳动观的切点。借此开展的课程，有助于将劳动观顺利融入课程教学，并有助于培养学生对劳动的兴趣，从而帮助他们全面发展。首先，根据新课标要求，寻找劳动观与地理课程的相交点。

陶行知劳动观的内容是围绕生活，展开教育。以实际体验为活动载体的特性恰好能够与地理学科的

实践性、综合性深度融合。《义务教育地理课程标准（2022 年版）》（下称"新课标"）要求"结合实例，说出某区域的地理位置和自然地理特征，说明自然条件对该区域经济社会发展的影响，认识因地制宜的重要性"，基于这一点，可以设计出基于地理核心素养的课程目标。而若仅限于此，教师讲授较多，学生亲身体验较少，无法真正生成体验过程，也缺少事件中遇到的问题生成，便难以理解地理差异性从而对知识性内容缺少贯通的理解和应用，产生"教劳心者不劳力，不教劳力者劳心"的局面。陶行知劳动观与地理课程的切点在于围绕着基于劳动实践，指向劳动观培育的教学目标设计，结合地理学科实践性特点，以核心素养培育和核心目的。能更好地平衡知识内容和感性认知之间的比例，打通学生实践和知识应用的壁垒，为后续高中地理学科学习打好基础。

其次，"一粒米"是笔者所在中学与当地镇政府合作开发的系列校本课程。学生借助于对庆丰村的实地考察，认识到社会主义新农村的风貌，了解以种植业为主的农业发展历程。在实践课程中，学生可以参与到水稻收割中、借助任务单的形式采访当地农民、亲自登上塔楼观摩"振兴有稻"田间景观。为此可开展一系列的校本课程开发，包括地理、生物、综合实践课程等。以此为依托构建的地理课，来自于生活，是学生自身实践的总结和提高。亦如陶行知所说"是劳动的生活，就是劳动的教育"。对校本课程的深度开发，目的是从做中学，以自身实践如参与到水稻收割中等活动为切入点，引导学生认识农业的种植业部门在作物选择、栽培等方面所需要的劳动。在这种富有地方特色的教学课程中，学生学习了劳动技能，也同样养成了责任意识和吃苦耐劳的精神。稻米是学生的劳动成果，对劳动成果的深挖能够极大地满足地理教学的需要，如稻的生长条件、在我国的分布、在长江三角洲发展水田农业的有利条件等。以劳动实践为基础的地理课堂便搭建了起来。

二、一粒米"去往何方"：陶行知劳动观与地理核心素养的耦合

刘海燕认为，为了促进劳动教育在地理课堂中的融合，必须立足于地理学科的特点，依托地理教学内容设置劳动教学目标。[3] 笔者认为劳动

精神的教育便体现在陶行知劳动观与地理核心素养的关系中。二者相结合出发点是二者共同的特征，其根本目的便是通过劳动教育培养出能够担当民族复兴大任的时代新人，完成党和国家"立德树人"的根本需要。为此需要体现地理核心素养的地理实践力，这是践行陶行知劳动观的基础和必要保证（图 1）。

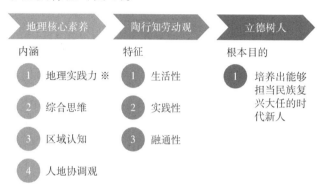

图 1　价值观教育联系

为了更好地进行价值观教育，教学目标便有了设计方向：将劳动价值观与地理核心素养耦合，联合起来产生增力，协同完成价值观培育的任务。只有劳动观念的生成，才能够关注到生活性的问题，才能够从实践层面发展核心素养，才可达成教育顶层设计"立德树人"的培育需要。

在本课中，学生亲身参与后对劳动过程产生的真情实感是具有生活性、实践性的。在实践过程中生成了对劳动者的崇尚感情，认为劳动者是光荣的，可贵的；对劳动本身的热爱之情，认为收获粮食是对劳动的肯定；亲身参与到劳动中去，肯定劳动会带来回报；自己有能力有担当去承担劳动责任。以上几个方面简单呼应了陶行知劳动观，教师应在地理课堂的阵地上借助学生实践，引导学生对自身劳动进行肯定，对他人劳动进行肯定，从而达到正确劳动观的培育。陶行知提倡以"做"为核心的劳动教育体系，这便是具有鲜明的实践特征，也充分锻炼了学生的地理实践力。在地理实践活动中考察、实验、调查周边环境，提升行动意识和感悟能力。学生通过实践获得的劳动观念能够使接下来开展的地理教学事半功倍。在教学目标设计时，便可有的放矢，以核心价值观培育为根本，融入劳动价值观培育的学习目标框架由此形成（表 2）。

表 2　融入劳动价值观的地理课程学习目标

地理核心素养	陶行知劳动观	劳动价值观	"一粒米"地理课程学习目标
综合思维	内容：围绕生活，展开教育	崇尚劳动	认识水稻栽培的过程，肯定农民的付出，能说出影响农作物生产的因素（崇尚劳动 综合思维）
区域认识	方法：教学做合一	辛勤劳动	亲身参与到农耕中，能够借助图表说出家乡适宜发展水稻种植业的原因（区域认识 辛勤劳动）
人地协调观		热爱劳动	体会到农业生产劳动的艰辛，热爱农村，关爱农民，了解到人地关系和谐的重要性（人地协调观 热爱劳动）
地理实践力	场域：家校社合一	诚实劳动	能够知道劳动过程中的工具使用等规范并同同学分享在劳动过程中注意到的地理问题（地理实践力 诚实劳动）

本课以学生在庆丰村产生的劳动实践为前提进行劳动教育与地理学科教学融合。为此劳动实践背后是核心素养的落地，陶行知劳动观渗透下的地理课程学习目标应具有针对性、越具体、详细、越能和地理核心素养形成联动耦合，推进正确价值观培育。

劳动实践以任务单形式发放给学生前，教师应结合地理教学任务和核心素养培育要求设置劳动活动，让学生利用学科视野完成劳动任务、用学科思维解决生活真实性问题。前置准备便是劳动任务，实践时间越长产生的感想和问题便越多，和原有认知产生的矛盾也越多。从与劳动者的沟通交流中能够让学生把握真实的劳动情况，产生更多的求知欲和探索欲，能更好地方便课堂教学。那么任务单的设计便在教师基于学习目标的基础上，构思学生劳动前和劳动后的实践对比，通过任务单前置，凸显劳动观与地理核心素养的高度统一。提前规划、布置的劳动实践要求可保证时间，保证学生学习的主体地位。

在"一粒米"校本课程教学中，教师根据学习目标将其分解，结合校本课程设置劳动任务单（表 3）。

表 3　劳动任务单设计

实践阶段	劳动实践任务	设计意图
实地探访前	利用课后时间，调查家乡农作物种植情况并分析原因。用文字描述自己印象中的农村的样子	通过实践前、中、后的对比体现实际体验能够更好地达成学习目的。实践前通过前期资料收集产生一定的认知和知识框架，但是仅限于书本内容，学生可能知其然而不知其所以然。对农村的印象建立于书本或影视作品，为此可以彰显社会主义新农村示范村下劳动人民的奋斗历程。
实地探访时	开展种植体验（播种、插秧、收割等）走访当地劳动者，了解其生活作息和工作情况	在实践过程中，参与到种植体验时会不断发现问题，学生在劳动过程中接触到不同的新知识：选种、灌溉、除草、收割等，对自身劳动的反思中，不断解决问题，从而了解劳动规律，体现劳动精神，从而养成劳动价值观，提升劳动能力。实践结束后，根据劳动内容的区别，在小组内分享个人体会以及实际调查走访时的感悟，对生活
实地探访后	小组汇报劳动体验后对农村的印象，分享参与劳动感想，展示对"一粒米"的体会	问题能够合力解决，提升应变和协调能力。分享"一粒米"的体会能够更好地培育劳动观念，对国家"光盘行动"等政策有了更好的认识和理解

三、一粒米"于我何思"：陶行知劳动观对地理教学主题的升华

劳动观培育基于劳动实践，来源于学生对劳动本身的认识水平。学生付出的劳动时间越长，对劳动过程认识得越清晰，就越能体会到劳动是一项光荣而伟大的事业。教师应趁热打铁，通过教学内容的设计，强调劳动对于个人和社会的重要性。并且通过这些内容，学生能够更好地体会到劳动者的付出和贡献。以中国对世界粮食安全做出的贡献为例，教师可以引导学生了解中国的农业发展历程，了解中国农业的成就和对全球粮食安全的贡献。同时，教师还可以鼓励学生去关注农民工的生活和劳动环境，通过对劳动者的尊重和关注来强化劳动观。同时，通过课堂教学，学生可以对粮食生产和农业科技等方面有更深刻的了解，从而更好地理解农业的重要性。教师从中也得以升华教学主题。

新课标指出，人地协调观是地理课程内容蕴含的最为核心的价值观。同样，人地关系是地理学最核心的研究内容，即为了研究人类与地理环境之间的关系秉承正确的价值观。人地协调观是一种以人的需求为导向，强调人与地球的协调关系，并且重视环境可持续性的价值观。而劳动观则是一种以劳

动为核心，强调劳动者的权益和尊严的价值观。人地协调观关注的是人与地球之间的关系，而劳动观则关注的是人与劳动之间的关系。如果没有劳动，人们就无法实现对地球的利用和改造，也无法获得生活的来源。同样，如果没有人地协调观，人们就无法维护环境的可持续性，无法保证劳动的长期有效性。因此，人地协调观和劳动观念是相互依存、相互支撑的。

对人地环境的思考便是本课的核心宗旨。以劳动为背景下，促使学生关注到劳动发生的场所，关注到实践的地理性，这也是本课程的一大重点所在。以陶行知劳动观为导向的地理课堂需要对学生思维深度进行一定的挖掘。也应该将陶行知劳动观融入地理实践力的教育中，可以帮助学生更全面地了解人与自然的协调关系，并加深对劳动者的尊重和地理环境可持续性的认识。整体而言，在本课渐进式结构中，从前期准备，到课堂分享再到主题升华，劳动观念培育贯彻了教学过程。教师可以设计学生对一粒米的体会交流活动，结合实际情况和认识讲述并分享对一粒米是怎么来的；一粒米所属的农业是怎样对人地关系产生影响的；一粒米背后包含的乡村振兴政策等。从而重新认识劳动是创造美的，认识到劳动观的核心要求。这对教师精选教学内容，编排教学活动提出了一系列要求，同时教师还须关注学生在课堂上的生成性内容，做到发现问题，解决问题，分享心得的一站式学习活动。

四、结语

在"一粒米"地理课中，笔者将陶行知劳动观有的放矢地融入地理教学，在依托校本资源前提下使学生产生劳动实践体会，再根据体会引导其发现课堂知识和生活之间的联系，借助劳动实践过程中的体验来开展地理教学。引导学生崇尚劳动、热爱劳动、辛勤劳动、诚实劳动，在陶行知劳动观的渗透下开展地理教学实践。也印证了陶行知先生提出的"劳动的身手"观点，使劳动教育达到健全学生全面发展的最终目的。

参考文献：

[1] 周洪宇，韩旭帆. 论陶行知的劳动观及其当代启示[J]. 信阳师范学院学报(哲学社会科学版)，2022，42(3)：60-65.
[2] 班婧，朱涵，邓猛. 劳动素养视角下《培智学校义务教育劳动技能课程标准(2016 年版)》的特征与反思[J]. 现代特殊教育，2022(16)：40-46.
[3] 刘海燕. 新时代高职学生职业价值观发展特征及教育对策研究[D]. 大连：大连理工大学，2021.

提炼学科大概念，实施大单元教学

吴文婷　李万龙 *

（常州市第一中学，江苏 常州　213003）

摘　要：《普通高中地理课程标准（2017 年版 2020 年修订）》提出要以地理学科大概念为核心，使课程内容结构化，以主题为引领，使课程内容情境化。但什么是地理学科大概念、如何提炼地理学科大概念，课程标准并没有给出明确的阐述。地理学科大概念主要是地理原理、地理规律，是组织起来的地理知识。地理大概念可以从地理核心素养、地理课程标准、地理学科本质、地理教材以及地理技能等方面去提炼。以地理学科大概念为核心的大单元教学要有明确的学习目标，要组织深度学习，并做到教—学—评一致性。

关键词：地理学科大概念；提炼；大单元教学；深度学习；教—学—评一致性

从工业时代向信息时代的转变，特别是人工智能时代的到来，使教育正经历着一场范式层面的变革，这场不同于以往以教学内容或教学方式为主要内容的变革，给人们最直观的感受就是一大波新概念如潮水般袭来，比如核心素养、深度学习、跨学科学习、大概念、大单元教学等，崔允漷等人将这场变革的关键词归纳为 22 个。[1] 这么多概念使人感觉有点眩晕，但这种整体性的概念网络更迭，正说明这场变革的深刻性，而这些概念之间都有着内在的关联。为什么会有这样的变革，最根本的原因就是人工智能的挑战，未来的工作对人提出了更高的要求，一大批工作将会被人工智能所替代，我们的学生具备什么样的素养才能面对未来的挑战？他们不仅要有知识，更要有运用知识去创造性解决问题的素养，这种素养从世界范围来看，主要分为两大素养群，即专家思维和复杂交往。专家思维内部的两个要素是创造能力和批判性思维，专家的知识不是对相关领域事实和公式的罗列，而是围绕大概念来组织的，这些大概念引导他们去思考自己领域的现实问题。[2]

一、什么是地理大概念

《普通高中地理课程标准（2017 年版 2020 年修订）》中明确提出："重视以学科大概念为核心，使课程内容结构化，以主题为引领，使课程内容情境化，促进学科核心素养的落实。"[3]。什么是地理学科大概念？课程标准并没有给予明确的答案。但从文本的阐述可以看出，地理学科大概念属于课程内容，是能够将课程内容结构化的核心概念或主题。而在《义务教育地理课程标准（2022 年版）》中则提出："遴选重要观念、主题内容和基础知识，设计课程内容，增强内容与育人目标的联系，优化内容组织形式。"[4] 可见，地理学科大概念除了主题外，还包括重要观念。至于到底什么是地理学科大概念，目前可以说是众说纷纭。但一般认为，地理大概念具有结构性、永恒性、思维性、迁移性等共同内涵，有三个主要表现形式，即概念、观念和主题（或议题）。一是概念，但这里的概念不是一般的概念，而是一类事物本质特征的抽象概括，比如生态系统、地质作用、地域分异等。这是大概念的一种典型表现形式，这也是那么多的学者把"big ideas"称为大概念的原因。二是观念。观念是一种特定的观点和看法，它通常揭示了概念与概念之间的联系。与概念相比，观念的展现形式更加丰富和多样。原理、理论和法则等，都可以转化为观念的展现。比如，"任何一个地貌形态都是内外力共同作用的结果"就反映了地貌、内力、外力等概念之间的关系。所以，这一类表现形式的大概念最为常见。三是主题（或议题）。在某些重要的概念上，很难找到明确的解答，这种情况可能会呈现为特定的主题或议题，尤其是在需要进行评估的领域中。比如，"要不要在河流上修建水坝""热带雨林是保护还是要开发"等。整体而言，观念形式的大概念是最常见的，其次是概念形式的大概念，而主题（或议题）形式的大概念通常只在人文地理领域出现。威金斯和麦克泰格认为"一个词、一个句子或者一个问题"都可以是大概念的表现。[5]需要明确的是，大概念更多的是一个句子或一系列的描述，而不是单一的词汇，如"生态系统"和"地域分异"，它们仅仅是大概念的名称而非大概念。这主要是因为大概念是为了帮助理解，但仅仅提供一个词汇，很难真正达到理解的效果。

笔者认为，地理学科大概念实质上都是大观念，是处于学科中心，具有持久性、迁移价值和解释力的原理、思想方法和观念，能够反映学科本质，可以将碎片化的知识和技能组织起来。[6]还有少量的是主题或议题，以及一些技能，如地图技能和地理统计图表解读技能等。

课程标准既没有给出地理大概念的明确定义，更没有像《普通高中生物学课程标准（2017年版2020年修订）》那样把生物学的大概念全面罗列出来，因此许多专家学者或一线教师都在尝试提炼地理大概念。申大魁、毛广雄等人总结了提炼地理学科大概念的三种方法，即从地理学科视角，聚焦地理学科本质提取大概念；基于地理课程标准，依据地理教材提取大概念；基于学生的发展需求和所能达到的理解水平提取大概念[7]。但总感觉这些提炼方法还不够全面，也不具体，无法操作。至于"基于学生的发展需求和所能达到的理解水平提取大概念"，笔者觉得似乎不妥，地理学科大概念应该是客观存在的地理原理和地理规律，怎么可能与学生所能达到的地理水平相关呢？张素娟认为中学地理教学中的大概念主要有人地关系、区域、位置与分布、空间差异与联系（空间相互作用）等；林培英教授

总结了高中地理大概念有"自然环境是由地形、气候、水、土壤、植被五大要素构成的"等8条[8]；陈国祥老师则提出"自然环境深深地影响着人类活动"等四个方面10条大概念。应该说专家学者们和一线老师都进行了很好的尝试，但就从目前提炼的地理学科大概念来看，主要存在两个方面的主要问题，一是概念偏大，如位置与分布，就涉及太多的地理事象，仅分布就涉及地形、气候、植被、土壤、自然带、矿产、人口和城市、产业（工业、农业和服务业）等，太泛化了，在教学中难以组织和把握相关的知识，不利于一线教师以地理学科大概念来组织大单元教学。二是许多大概念只是个概念，这些概念的内涵没有很好地阐述，比如陈国祥老师提炼的大概念"区划是一种方法"，就太笼统了，区划的具体方法有哪些、为什么要区划、区划的意义等都没有具体地阐述，让老师们就"区划是一种方法"来组织大单元教学是非常困难的。应该给予这些地理学科大概念比较明确的阐述，以便于老师们在教学时围绕这些大概念来组织单元教学。比如小学科学领域的大概念是这样表述的：水是一种常见而重要的单一物质；物质的运动可以用位置、快慢和方向来描述；空气是一种常见而重要的混合物质。韦钰院士也将脑科学的大概念概括为三条，其中一条是：脑的基本工作单元是神经元；脑中有近1000亿个像小精灵一样的不停运转着的神经元。我们的心智（认知、情感、意愿、感知和动作）和它表现出来的行为，都和发生在脑中的电信息和化学信息过程处理有关。《普通高中生物学课程标准（2017年版2020年修订）》中生物学科的大概念也类似，比如，"细胞是生物体结构与生命活动的基本单位""遗传信息控制生物性状，并代代相传"等。[9]

二、如何提炼地理学科大概念？

如何提炼地理学科大概念，笔者认为有下列几种方法或途径。

（一）从学科核心素养中提炼地理学科大概念

地理学科核心素养有4条：人地协调观、综合思维、区域认知和地理实践力，其中人地协调观本身就是地理学科的重要观念，综合思维是地理区别于其他学科的思维特点，均可以作为地理学科的大

概念，但这两个核心素养均要表述成地理学科大概念。人地协调观是指：自然环境是人类生存、发展的基础，对人类活动产生深刻影响，要尊重自然规律；人类活动也会深刻影响自然环境，不当的人类活动会破坏自然环境，合理的人类活动能够促进人与自然和谐发展。综合思维是指：要从地理要素综合的角度认识地理事物的整体性，地理要素相互作用、相互影响的关系；要从空间和时间综合的角度分析地理事象的发生、发展和演化；要从地方或区域综合的角度分析地方或区域自然和人文要素对区域特征形成的影响以及区域人地关系。

（二）从课程标准中提炼地理学科大概念

课程标准中列出了许多地理学科的教学内容，但这些内容又被分成必修和选修，必修又分为必修 1 和必修 2 等模块，因此有些知识内容被分在不同的模块中，比如关于地质作用的内容在必修 1 中有"通过野外观察或运用视频、图像，识别 3~4 种地貌，描述其景观的主要特点"，在选择性必修 1 中有"运用示意图，说明岩石圈物质循环过程；结合实例，解释内力和外力对地表形态变化的影响，并说明人类活动与地表形态的关系"，我们可以运用构建三个嵌套的椭圆形的方法来提炼关于地质作用的大概念[5]，最外围是具体的地貌形态，如流水地貌、冰川地貌、风力地貌等，还有构造地貌，如褶皱、断层、火山锥等；第二圈为内力作用、外力作用、地壳运动、地质构造、板块构造学说等基本概念；最核心的是地质作用，地质作用作为地理学科大概念的名称，其具体内容应该是：地球表面任何一个地貌形态或地貌景观都是内、外力共同作用的结果，有时内力作用占主导，有时外力作用占主导，有时两者基本保持平衡；内力作用塑造了地表形态的骨架，外力作用则在内力作用的基础上进一步雕刻；地表形态是在不断地变化之中的。

（三）从地理学本质或地理学思想中提炼地理学科大概念

比如自然地理中的"一个景观既受到地带性因素的影响，也受到非地带因素的影响"，人文地理学中的"地方感，只有身心亲历才能获得""人类活动的空间是有结构的，空间与空间之间相互联系、相互作用"等，这些反映地理学科本质的观念都可以作为地理学科大概念。地理学思想也很多，主要有尺度思想、整体性思想、差异性思想、区域性思想、过程性思想等，有些可以提炼为学科大概念，比如尺度思想，尽管目前地理界对尺度思想有不同的认识，但一般认为尺度思想是通过尺度的透镜观察和理解地理事象，分析和解决地理问题的地理思想，主要包括尺度划分、尺度匹配、尺度关联、尺度效应、尺度选择、尺度转换等六个方面。[6]

（四）从地理教科书中提炼地理学科大概念

地理教科书编写的依据是地理学科的课程标准，但课程标准中只罗列了内容标准，并没有给出地理学科大概念，所以教材也没有按照地理学科大概念来编写。目前的教科书基本上是按章节来编写的，尽管有些章可能包含不止一个地理学科大概念，比如人教版必修 1 第一单元既包含宇宙环境及地球所处的位置、地球的运动对地球的影响的内容，还包括地球的圈层结构和地质历史的内容，这三部分内容之间并没有密切的联系，不可能提炼成为一个地理学科大概念，可能要提炼出三个地理学科大概念，但大多数章中各节的内容是有关联的，主要围绕一个主题或地理学科大概念来编写，比如人教版地理选择性必修 3 第二、三、四章都阐述了关于"国家安全"的主题，我们就可以把它提炼成一个"国家安全"主题，这就是主题形式的大概念。有些教科书每章都有一段导言或引言，对该章节的内容进行一个整体的阐述，比如湘教版必修 2 第三章前的引言就是"区位是地理学的核心研究内容。……区位条件千差万别，区域发展日新月异，任何区位选择都必须因地制宜，扬长避短，缜密论证，科学决策。产业区位的选择，是区域认知的重要方面，可指导我们进行生产力布局……"[10] 根据这段引言我们就可以提炼出"产业区位"的地理学科大概念。"产业区位"作为地理学科大概念可以这样来阐述："区位包含两层含义，一是某一地理事物在什么位置，二是该地理事物与周围其他地理事物的关系。工业、农业和服务业等产业的区位选择既受到地形、气候等自然因素的影响，也受到历史、资金、技术、市场、劳动力等人文因素的影响，自然因素相对比较稳定，人文因素变化比较大。区位因素变化会导致产业转移。区位选择必须因地制宜、扬长避短，综合考虑，科学决策。"

（五）从地理学科技能中提炼地理学科大概念

地理学科有一些必要的技能，比如地图的阅读能力、统计图表的分析能力、地理信息技术等，还有一些与地球天文相关的计算等，从这些技能中也可以提炼出一些大概念，比如地图的阅读能力就可以这样来表述："地图是用符号和线条反映地表事象的工具；地图有比例尺、方向、图例和注记三要素；同样图幅的地图，比例尺大的反映的区域范围小，反映的细节丰富，比例尺小的反映的区域范围大，反映的内容粗略；地图可以分为综合地图和专题地图等。"又比如地理信息技术中的图层思想等，也可以提炼为学科大概念。

四、以大概念为核心组织大单元教学

有了地理学科大概念我们就可以以地理学科大概念为核心组织单元教学。这里需要说明的是，教科书的章或单元并不能作为大单元来教学，比如人教版必修第一册第一章的内容实际上涉及三个大概念，而有的教材中几章都可能是围绕一个地理大概念来展开的，比如人教版地理选择性必修 2 中的 4 章都是围绕区域发展展开的，其实这 4 章就只有一个地理学科大概念。如何组织地理大单元教学是一个比较复杂的问题，因为大单元既不能太小，也不能太大。多大才算大，"如果抛开课程和学科目标，这个问题是没有答案的。有些概念确实比其他概念大，即概念的内涵更广泛，有更强的可迁移性和影响力。这么大范围的概念应该能够为整门课程和整个学科提供锚点。没有哪个单元可以恰到好处地使用最复杂的概念。"[11] 因此，有时大单元与大概念并不完全吻合，比如关于地质作用的大单元，除了"地质作用"这个大概念外，可能还要涉及地貌、地质构造对人类活动影响的相关知识等。

古人讲"教学有法，教无定法"，因此，基于地理学科大概念的大单元教学也没有统一的模式或一种套路。但大单元教学有个基本的流程，首先，要形成统一的大概念。课程开发团队要运用上述提炼

学科大概念的方法，对课程标准、地理学科核心内容、地理教材等进行梳理，罗列出地理学科大概念，并对每个地理学科大概念进行必要的阐述，达成基本统一的意见。其次，教师根据所确立的单元主题或大概念，基于真实情境，提出"引导性问题"和探究线索，设计"真实表现性任务"，规划由浅入深的系列探究活动（自主探究、展示交流、点评纠错等环节）。最后，让学生在新的真实情境中运用所学习的大概念解决实际问题，如让学生说出黄山地貌或张家界砂岩峰林形成的过程等，以检测学生是否真正理解了大概念。大单元教学还必须遵循几个重要的原则。

（一）确立明确的学习目标

第八次高中课程改革后，许多老师反映不会写教学目标了，前些年有老师将三维目标作为教学目标；当前，许多老师又把学科核心素养作为教学目标。需要说明的是，无论是三维目标（知识与技能、过程与方法、情感态度价值观），还是地理学科核心素养，都不是每一节课的教学目标，而是地理课程目标，是学生学习了高中地理课程后应该具备的素养。其次，教学目标最好转化为学习目标，主体应该是学生，"通过……使学生（怎么样）"这样的句式都不适合表述学习目标，而应该是"学生运用（工具或方法）能够说出（做出、画出等）（什么）"这样的句式。再次，学习目标应该是具体、明确、可观察、可测量的。比如"运用'海底扩张示意图'以及'板块构造示意图'概括说明海底扩张学说与板块构造学说的主要观点"[12]，就是比较明确的学习目标。在实施大单元教学时，要把大单元划分为一个个课时，并为每一课时叙写学习目标。尽管这些目标看上去只是知识内容或技能，但地理核心素养是蕴含其中的，地理核心素养不是一节课能够达到的，而是通过一节一节课，一个一个大单元，最终达成地理课程的目标。无论是三维目标还是地理核心素养，它们都不是目标的三个部分，而是三个维度或四个维度，区域认知需要地理实践，在地理实践的过程中要运用综合思维，最终形成对某一区域人地协调观的认识，也就是说三维目标或地理学科核心素养都是不可分割，是从不同的角度来描述的。

（二）组织深度学习

地理学科大概念不是教师告诉学生，让学生背下来就有用的，那种没有与自我经验相联系，不与生活实践相联结，不是在与教师、教材、同学互动中自我建构起来的知识，大都是惰性知识，当遇到真实的地理情境让学生来分析问题、解决问题时，这些惰性知识是没有任何价值和意义的。我们经常带学生到野外研学，当看到某种岩石让学生初步判断是什么岩石类型时，大多数学生是说不出来的。深度学习是指在学校课程学习的情境中，为了达成素养目标，学生进行有目的和有计划的全身心、全联结、全学程学习。全身心是指学习者以整体的人参与到学习中，而不仅仅是认知层面的参与，不仅仅是"项上运动"，是要具身的，是要带着情感全身心投入的；全联结是指学习中构建知识与知识、知识与生活、知识与自我的联结，体现学习情境的情境化与结构化，而非局限于碎片化知识内容的学习；全学程是指学生所需经历的完整学习过程，强调从知识习得、运用到反思的整体历程，呈现了学习进程连续的时间秩序。总之，深度学习之深，在于其背后的融合逻辑，强调围绕学习将课程要素深度联结，特别是知识与生活的联结，只有这样才能保持有效迁移，而迁移是核心素养的题中之义。[13]

（三）做到教—学—评一致

在教学过程中，作为核心的目标，既是起点，也是终点，而教—学—评则是基于此进行的专业实践活动。判断教—学—评是否一致取决于三者是否都是围绕共同的目标进行。也因为如此，有研究者把教—学—评一致性称作目标—教—学—评一致性。近年来许多教师对高考地理试题不满意，说"教的不考，考的不教"，根本原因就是教师没有做到目标—教—学—评一致性，主要就是学习目标出现了问题，还把课本上的符号化知识作为学生的学习目标，而没有将知识与生活联结，没有将地理核心素养作为目标导向，核心素养的核心是可迁移，是学生能够在真实的地理情境中运用所学知识解决地理问题。到目前为止，还有许多教师对平顶山、尖顶山、顺坡垄及道路两边绿化带差异的试题耿耿于怀，认为地理命题不靠谱。就拿绿化带试题来讲，这道试题就是考查学生是否真正掌握关于地域分异或"任何一种景观都既受到地带性因素的制约，也受到非地带性因素的影响"大概念很好的试题。题干给出该照片拍摄于我国东部地区，拍摄时间是 2017 年 3 月 25 日。"数年前，两侧的绿化隔离带按同一标准栽种了常绿灌木；而如今，一侧灌木修剪齐整，另一侧则杂树丛生，灌木零乱。拍摄当日，这些杂树隐有绿色，新叶呼之欲出"。从试题给出的信息，3 月 25 日"杂树隐有绿色，新叶呼之欲出"，可以判断这里的杂树应该是落叶阔叶林，因为我国东部的森林植被只有落叶阔叶林是秋季落叶，春季萌发新芽的，正是因为这一侧疏于管理才导致栽种的常绿灌木不适应当地的气候条件，导致地带性的落叶阔叶植物丛生，并将替代原种植的常绿灌木。在这道试题中，人工栽种常绿灌木相当于非地带性因素，如果人类经常对这些灌木浇水、修剪，这些灌木将能较好地生长，但如果遇到特殊的寒冷天气或者长期疏于管理，这些植物将被地带性的落叶阔叶植物替代。其次是评出现了问题，没有将学生置于真实地理情境中让他们去解决问题，而是让学生仅仅进行符号化的建构或者让学生去背一些模式或套路，没有联系生活实际，当遇到真实地理问题时，学生找不到模板或套路就无从下手了。因此，地理教学一定不能离开真实情境，当然，也不是说地理教学一定要在真实情境中展开，有时也可以先进行符号化的学习，最后运用到真实情境中去，在进行符号化学习的过程中也可以通过可视化来让学生获得直接经验。

参考文献：

[1] 崔允漷等 . 新课程关键词[M]. 北京: 教育科学出版社,2023.

[2] 吴永军 . 关于大观念教学的三个议题[J]. 课程·教材·教法,2023,43(5):42.

[3] 中华人民共和国教育部 . 普通高中地理课程标准(2017 年版 2020 年修订)[M]. 北京: 人民教育出版社,2020.

[4] 中华人民共和国教育部 . 义务教育地理课程标准(2022 年版)[M]. 北京: 北京师范大学出版社,2022.

[5][美]威金斯,麦克泰格 . 追求理解的教学设计(第二版)[M]. 上海: 华东师范大学出版社,2017.

[6] 王思涵 . "尺度"大概念下的高中地理单元教学设计研究

［D］.西宁:青海师范大学.

［7］申大魁,毛广雄等.地理学科大概念的内涵、意义和提取路径［J］.中学地理教学参考,2022(5):36.

［8］李万龙.地理教学的基本逻辑［J］.中学地理教学参考,2023(4):78.

［9］中华人民共和国教育部.普通高中生物学课程标准(2017年版 2020 年修订)［M］.北京:人民教育出版社,2020.

［10］朱翔,刘新民.普通高中教科书地理必修第二册［M］.长沙:湖南教育出版社,2019.

［11］威金斯,麦克泰格.追求理解的教学设计(第二版)［M］.上海:华东师范大学出版社,2017:307.

［12］夏雷震,佟柠.教学目标的规范叙写与有效落实［J］.江苏教育(中学教学专题),2015(11):16.

［13］崔允漷等.新课程关键词［M］.北京:科学教育出版社,2023.

基于国际比较的地理大概念探析

孙子琦　龚　倩

（南京师范大学教师教育学院，南京　210023）

摘　要： 地理大概念对地理核心素养培育与立德树人根本任务落实具有独特贡献，已有国家及地区将其纳入地理课程标准中。以地理大概念术语界定与内容释义作为基本比较维度，进一步划分高频与低频地理大概念次级维度，构建比较研究框架并对英国、美国、澳大利亚、新西兰和南非地理课程标准中大概念进行比较分析，进而归纳得出基于本质特征界定地理大概念、围绕学科结构确定地理大概念、指向育人目标释义地理大概念等地理大概念界定、提取与释义的启鉴。

关键词： 地理大概念；国际比较；地理课程标准

大概念，亦可称为大观念，以其具有学科内普适性[1]且居于学科中心、呈现持久的可迁移价值等[2]特征体现学科核心素养的学科性、核心性与育人性[3]，促使各学科在落实立德树人根本任务中做出独特贡献，成为当下以学科核心素养为纲的基础教育改革时代热词。《普通高中地理课程标准（2017年版 2020 年修订）》作为我国地理教育纲领性文件，明确表明应"重视以学科大概念为核心，使课程内容结构化"[4]，体现我国地理课程标准对于大概念强化地理学科结构性并统整地理课程内容的诉求。

当前研究多围绕阐明地理大概念的重要性、地理大概念教学策略与教学实施[5]展开；虽已有学者梳理了多个国家及地区地理大概念并尝试开展大概念提取[6-7]，但其关注的是地理课程标准中有哪些地理大概念，并未深入挖掘并厘清地理大概念术语界定与具体概念释义，缺乏对地理大概念共同特质与差异之处的细致分析。因此，本文以英国、美国、澳大利亚、新西兰和南非地理课程标准（即指导地理课程开展的纲领性文件）中的地理大概念为研究对象，采用多级多维比较方法[8]并建立比较框架（图 1），分析地理课程标准中对于地理大概念的

术语界定和内容释义，归纳地理课程标准中地理大概念的共识与差异，以期为我国地理大概念的术语界定、内容确定与概念释义提供国际参照经验。

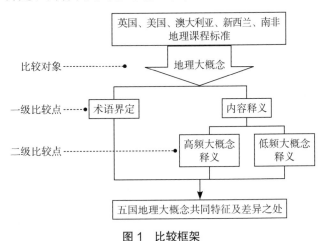

图 1　比较框架

一、地理大概念的术语界定

（一）不同国家地理课程标准中大概念术语界定比较

大概念，在不同领域中、不同背景下有时会被称为核心概念、基础概念、阈值概念等[1]。当前，可作为课程基本结构的大概念在美国、澳大利亚等

国家及地区的课程标准中得到强调[9]，其术语表达形式存在差异，但具有相近内涵。

《英国地理 KS3 课程标准—2008 版》文件在核心概念一节阐明其对于地理课程中核心概念的定义："核心概念是地理学习的基础，学生需要理解核心概念以加深其地理知识、技能和理解"[10]；以核心概念与核心过程共同构成学科知识内容。[11] 而后续颁布的《英国地理 KS3 课程标准—2014 版》在学习目的一节中声明"地理知识、理解和技能提供了解释多尺度地球表面特征随着时间而塑造、相互作用和变化的框架和方法"[12]，一改 2008 版课标以核心概念和核心过程构建学习内容的组织形式。该转变并非昭示英国摈弃地理教育中的大概念，而是体现"知识转向"下英国地理课程对于大概念中心性特征理解的不断深入。2008 版课标强调了核心概念位于学科中心地位、联系具体事实知识的特征，注重地理核心概念对地理具体事实知识学习、技能培养的作用；然而，核心概念与具体事实知识的关系如同语法与词汇[13]，正如不掌握词汇难以应用语法，2014 版课程标准更认识到核心概念居于学科中心的同时还需要具体事实知识的支撑——其提供的四类地理知识的具体内容能够支撑教师通过从案例研究或主题向上概括到越来越广泛的综合性、抽象性地理核心概念[14]，避免教师在没有具体实例的情况下以核心概念作为教学伊始致使学生"掌握"的核心概念如同空中楼阁。

《美国国家地理课程标准—第二版》是对《美国国家地理课程标准—1994 年版》的延续与修缮，以地理观点、地理内容知识、地理技能为地理教育中有机融合的组成成分[15-16]，整合于实践地理（Doing geography）的课程理念之下[17]；两版美国地理课程标准中的"基本要素"可视作其对大概念的特定表达：基本要素构成研究地球的学科框架，是学科知识下属第一层级概念内容，基本代表其均具有中心性和必要性，为人们提供理解世界的视角，而要素则代表每一个要素均为整体的组成部分之一；在基本要素下分布有地理标准次级概念[15-16]。美国地理课程标准中对于基本要素的界定着重强调了大概念的中心性属性特征："基本""学科框架"等词语表明大概念并非学科中具体事实知识，而是具有聚合性、相互联结能够构成学科连贯整体；"一级概念""次级概念"等词语阐明大概念作为学科中心，统摄次级概念与事实知识。

《澳大利亚 F-10 课程标准—地理》在地理课程结构部分确定了澳大利亚地理课程大概念，并将其界定为：一系列能够发展地理理解力的概念，为高层次的想法或思维方式，是课程中教导学生进行地理思考的关键思想，可以应用于整个地理学科以确定问题、指导研究、组织信息、提供解释和辅助决策[18]。可以见得，就地理大概念的概念层次而言，澳大利亚地理课程标准强调大概念是"高层次的"，明确其位于逐渐复杂和抽象的概念层次顶端，综合包含更简单、更不抽象的概念；就大概念适用性和功能而言，澳大利亚课程标准认可其能够"应用于整个地理学科"的不同领域和不同主题，具有可迁移性且有助于增强学科统一性和连贯性。

《新西兰课程指南（高中版）—地理》在核心概念一节中阐释了新西兰课程标准中大概念的内涵，定义为"希望学生在离开学校后很长一段时间内都能留下的大概念和理解"；此外，进一步结合地理学科特点，阐释地理教育中大概念的作用：探索人与自然及文化环境之间的关联、构成解释和表示世界信息的框架、组成课程成就目标等[19]。新西兰地理课程标准中对大概念的界定表明，大概念能够用于解释学生离校后生活中遇见的物体、事件和现象，是对于"学生忘记具体事实知识后，脑中还应该保留什么"这一问题的解答，体现其对于大概念可持久性本质特征的认可。

南非《地理课程和评价政策说明：10~12 年级》在阐述对地理课程的理解、10~12 年级地理课程目标后，对地理学科的大概念进行界定：大概念构成的框架可以应用于地理学科教学中的任何主题，是对地理知识至关重要的核心组织概念[20]，强调了大概念的中心性特征。此外，南非地理课程标准中还指出大概念对于课程组织的作用——地理课程中的一些主题集中于一个大概念，而其他主题可能需要不止一个甚至所有大概念。

（二）基于比较的大概念术语界定特征分析

地理课程标准作为地理课程的基本纲领性文件，

英国、美国、澳大利亚、新西兰以及南非的地理课程标准均对本国地理课程的大概念进行界定，五国对于"如何界定地理大概念"这一问题的解答具有以下共性。

1. 体现大概念中心性等本质特征

目前已有诸多学者对于大概念本质特征进行阐述，可以大致归纳为中心性、可持久性、网络状、思维性与可迁移性五点[21-22]。五国地理课程标准对于大概念的界定有侧重地体现了大概念本质特征：就中心性而言，美国与南非地理课程标准中强调地理大概念是理解地理学的核心，也是地理知识组织的核心[15, 20]，英国地理课程标准则认为地理大概念支撑地理学习[10]，三份文件对于大概念的界定体现其位居学科中心并可以作为学科学习的脚手架。大概念持久性与可迁移性也得到部分课程标准的强调：例如，新西兰地理课程标准表明大概念在学生遗忘具体事实知识后仍然留存[19]；澳大利亚地理课程标准表明大概念作为高层次的想法和思维方式[18]可以应用于全球范围内；英国地理课程标准指出大概念可以深化学生的地理知识、技能和理解[10]，表明大概念具有迁移价值。

2. 注重大概念与地理学科的关联

地理学科是界定地理课程大概念的出发点。地理课程中的地理大概念是学科特有的大概念，除新西兰以外，四国地理课程标准在界定地理大概念伊始便强调了其与地理学科的联系：例如，英国指出核心概念是地理学习的基础[10]，美国指出基本要素是地理理解中具有中心性和必要性的概念[15]，南非指出大概念是位于地理知识核心的组织概念[20]等。新西兰对于大概念的界定并未从地理学科出发，而是首先跳脱出学科界限阐释什么是大概念，但在对大概念的阐释之后随即说明地理学科内的大概念具有什么作用和特性——例如探索人与自然及文化环境之间的关联，解释和表述世界信息[19]等，回归地理学科与地理课程。

3. 关注大概念发展理解教育价值

五国地理课程标准在对于大概念进行术语界定的同时，进一步阐释地理大概念在地理学科内的教育价值，即：不仅仅回答地理大概念是什么，同样关注地理大概念能做什么。英国、美国、澳大利亚

与新西兰地理课程标准均较为明确地表明地理大概念发展学生理解的教育价值[10, 15, 18, 19]；美国与澳大利亚地理课程标准均指出大概念对于发展理解的不可或缺性，表明地理大概念为理解地理的必要思想或发展地理理解的组成部分；而英国与新西兰地理课程标准则认为大概念对于发展地理理解具有促进作用，前者指出学生需要理解大概念以加深、拓宽知识、技能和理解，后者表明大概念是可以在学生脑海中持久留存的理解，助力学生实现长远发展。尽管南非地理课程标准并未直接强调地理大概念对于理解的作用，但表明其可以组织地理知识并作为各类地理问题的分析框架[20]，间接表明了大概念可以超越具体事实知识而建立起事实知识间的普适性关系，即概念性理解[23]。结合五国课程标准对于地理大概念中心性特征的认识可以见得，大概念发展理解的教育价值得到认可，且该价值体现于概念性理解而非经验性理解，促使学生在抽象水平上把握事物的普遍性意义。[23]

二、地理大概念的内容释义

（一）不同国家地理课程标准中大概念内容比较

英国、美国、澳大利亚、新西兰和南非地理课程标准文件在界定大概念的基础上，明确提出其地理课程中的大概念具体内容（表 1）。英国地理课程标准 2008 版提出地方、空间、尺度、相互依存、自然和人文过程、环境相互作用和可持续发展、文化理解和多样性七个地理大概念[10]，而 2014 版则以地点知识、地方知识、人文和自然地理、地理技能和野外实习表述学生需要学习的内容[12]，地理大概念内容从明显转向隐含。美国地理课程标准则提出空间术语中的世界、地方和区域、自然系统、人文系统、环境和社会、地理应用六类基本要素[15]，区别于其余课程标准中的空间概念，美国地理课程标准强调应用空间技术与空间术语交流信息。澳大利亚地理课程标准中，空间和地方也是地理大概念之二，此外该课程标准还确定了环境、相互联系、可持续性、尺度和变化地理大概念[18]。南非地理课程标准则提出地方、空间过程、空间分布模式、人类和环境互动四个地理大概念[20]。新西兰地理课程标

准确立环境、观点、过程、模式、相互作用、变化、可持续性为大概念，相较于其他四国地理课程标准差异较大，并未涉及空间、地方等地理大概念[19]。

表 1　五国地理课程标准中地理大概念内容

国家	地理课程标准文件	时间/版本	术语界定	地理大概念内容
英国	英国地理 KS3 课程标准—2008 版[10]	2008	核心概念	地方、空间、尺度、相互依存、自然和人文过程、环境相互作用和可持续发展、文化理解和多样性
美国	美国国家地理课程标准—第二版[15]	2012	基本要素	空间术语中的世界、地方和区域、自然系统、人文系统、环境和社会、地理应用
澳大利亚	澳大利亚 F-10 课程标准—地理[18]	Version 8.4	高层次想法和思维方式	地方、空间、环境、相互联系、可持续性、尺度和变化
南非	地理课程和评价政策说明：10~12 年级[20]	2011	大概念	地方、空间过程、空间分布模式、人类和环境互动
新西兰	新西兰课程指南（高中版）—地理[19]	2013	核心概念	环境、观点、过程、模式、相互作用、变化、可持续性

分析五国地理课程标准中大概念内容，发现其具有多样性。为便于统计，基于地理大概念内容表达对其进行拆分或同义归并，例如将"环境相互作用和可持续发展"分为"环境相互作用""可持续发展"两个大概念进行计数，认为"可持续性"与"可持续发展"具有相近内涵视为同义地理大概念。经过初步统计，可以发现：地方、空间、相互关系、可持续性与过程为出现频次较高地理大概念，文化理解和多样性、地理应用、观点出现频次则相对低。值得注意的是，对地理大概念内容的频次统计并未涉及其具体释义而是停留于内容表达，可能具有主观性；这是由于地理大概念内容抽象层次较高，其具有的意义和统摄的次级地理概念可能是丰富而没有明显边界的；此外，五国提出的大概念可能并非地理学科最顶层的概念，而更是课程组织的核心，某一国家所提出的地理大概念或在另一国家成为次级概念而被统摄，基于释义进行频次统计会产生更多困惑。

（二）不同国家地理课程标准中大概念释义比较

1. 高频大概念具体释义比较

地方是五国地理课程标准中出现次数最多的地理大概念之一，除新西兰以外，英国、美国、澳大利亚和南非地理课程标准中均强调了"地方"的概念，南非地理课程标准并未对地方进行详细阐释，新西兰地理课程标准仅在过程、变化两个大概念中将地方作为地理术语提及。英国地理课程标准 2008 版将理解地方大概念界定为理解真实地方的自然与人文特征并发展地理想象[10]；英国地理课程标准 2014 版特别区分了地方与地点的概念，指出地方涉及地方联系与地理相似性[12]；英国政府对于地理教育领域的研究综述则进一步指出地方是地点与个人意义联系结合的产物。[24] 美国将地方和区域共同列为支撑地理学科的"基本要素"，认为地方概念涵盖自然和人文特征，人们对于地方的看法会受到文化和经验影响。[15] 澳大利亚地理课程标准对地方的意义和定义进行阐述，指出地方是地球表面的被人类赋予意义的一部分，影响人们的身份感和归属感，受到人类活动和环境过程影响作用等。[18] 就共同点而言，三国对于地方这一地理大概念均强调了地方与人们的经验密切相连。

空间作为高频地理大概念之一，同地方一样在除新西兰以外四国地理课程标准中均有体现。英国地理课程标准认为理解空间概念涉及地方和景观的位置、分布模式、位置和分布的变化与对人们的影响。[10] 澳大利亚与英国地理课程标准类似，围绕空间位置、空间分布和空间与人类之间的相互作用界定空间概念，强调了空间也可以由人感知、组织、管理甚至重新设计。[18] 南非地理课程标准中涵盖空间分布模式地理大概念。[20] 与英国和澳大利亚不同的是，美国地理课程标准对空间术语中的世界这一大概念细分为三个地理标准：如何运用地图和其他地理表征、地理空间技术和空间思维来理解和交流信息；如何应用心理地图在空间环境中组织有关人类、地方和环境的信息；如何分析地球表面人类、地方和环境的空间组织[15]；可以见得，美国地理课程标准将空间概念上升到技术与思维，认识到空间思维是地理学的核心之一。

英国的相互依存、环境相互作用和可持续发展大概念，新西兰的相互作用大概念，澳大利亚的相互联系大概念与南非的人类和环境互动大概念均关注地理要素间的相互关系。英国地理课程标准中的相互依存大概念指出地方之间存在联系、不同尺度之间的地理变化相互依存，而环境相互作用与可持续发展大概念表明环境的自然与人文维度息息相关且共同影响环境变化[10]；可以见得，两个大概念分别从多尺度地方之间、自然与人文地理要素之间阐释相互作用。新西兰地理课程标准指出相互作用涉及相互影响、相互联系的环境要素，可表现为单向或双向的运动、流动、连接等多种形式；景观就是相互作用的结果之一，环境变化也可能是由相互作用导致[19]。澳大利亚地理课程标准的相互联系大概念强调地理对象不能孤立看待，指出地方及其中的组织以各种形式与其他地方产生联系、环境和人类过程是一系列发生于地方之间和地方内部的因果相互联系[18]；同时，其表明整体思维的体现即为发现地方内部或地方之间现象和过程的相互联系[18]，揭示相互联系大概念对于培养学生思维能力的潜力。在美国地理课程标准之中，相互关系的概念则分散于各个地理大概念中，例如人文系统大概念中提及经济相互依存；环境与社会大概念与自然系统大概念涉及人类影响环境、环境对人类的影响，间接体现人与环境相互依存[15]。分析发现，五国地理课程标准中具有相互关系的大概念释义各异，但整体而言围绕地方的综合、地方之间的相互依赖性、尺度间的相互依赖性[25]和人地相互依赖性展开阐释。

关于可持续性和过程的地理大概念出现频次也较高。可持续性相关地理大概念在英国、澳大利亚与新西兰地理课程标准中得到关注：澳大利亚与新西兰对于可持续性大概念释义较为相似，均体现可持续性与未来人类的密切关联，前者将其叙写为"未来环境持续支持人类和其他生物生活的能力"[18]；后者秉持与《我们共同的未来》报告[26]中理念相近的可持续发展思想，将可持续性释义为"采用思维和行为方式，使个人、团体和社会能够满足他们的需求和愿望，而不妨碍后代满足他们的需要和愿望"[19]；英国地理课程标准并未对可持续发展大概念做出明确阐释，而是认为学生能够基于经济、社会、环境因素相互作用理解可持续发展[10]。就地理过程相关的大概念而言，"形成和改变环境、地方和社会的一系列自然或人文行动"是新西兰地理课程标准对于过程大概念的释义[19]；英国地理课程标准则指出过程

会影响地方的变化和发展，可以用来解释模式与分布[10]；南非并未详细阐释空间过程概念，但在其课程标准的第三部分，即每学期专题和学年教学计划主题纲要中涉及多种地理过程——如岩石褶皱形成过程、大气受热过程等。[20]

2. 低频大概念具体释义比较

文化理解和多样性、地理应用、观点作为地理大概念内容仅出现于特定国家地理课程标准中，其释义相较于高频地理大概念内容释义更能说明地理大概念作为地理课程组织核心的灵活性，体现五国对于地理课程的差异性理解与不同导向。

"文化理解和多样性"作为地理大概念内容仅于英国地理课程标准中提出，该概念考虑到人与地方如何以不同的方式表现，有助于学生理解多样性和社会凝聚力；在形成该概念的过程中，学生需要通过了解人、地方、环境和文化间的异同以增进对于社会和经济的理解，通过了解人们的价值观差异以及该差异对于社会、环境、经济、政治问题的影响以发展自身的价值观与态度。[10]这一地理大概念的提出或为英国自 21 世纪以来积极寻找如何通过教育保护社会多样性、促进社会融合与可持续发展问题的体现。[27]地理学科涉及民族、文化、移民等多种社会议题，以"文化理解和多样性"大概念作为地理学习核心内容之一能够培育对多元文化的认同。

美国地理课程标准以"地理应用"大概念作为组织地理内容知识的基本要素之一。地理应用大概念揭示地理学作为一个整体，如何使学生能够理解过去、解读现在并且规划未来。"地理应用"在美国地理课程标准中被继续细分为两个地理标准：地理标准 17—如何用地理学理解过去，地理标准 18—如何运用地理学解读当下并规划未来。[15]地理应用大概念帮助学生理解地方是历史事件发生的基础，地理环境是创造未来世界的基石，地理的实际应用令学生能够参与到问题的解决；其可以视为美国地理课程标准中"实践地理"课程理念的贯彻，以及美国注重的实用主义教育思想在地理学科的体现。[17]

新西兰地理课程标准将"观点"地理大概念阐释为"看待世界的方式"，也可认为是视角；其指出观点是塑造人的价值观的思想、理论和世界观，会随着时间的积累而形成。这一地理大概念的提出或

与新西兰地理课程目的相关：新西兰地理课程标准于第一章基本原理中阐释问题"为何学习地理"，指出地理能够帮助学生塑造更美好的未来，促使学生认识到对于他人、环境和地球长期可持续的责任，鼓励学生在探索不同人群的各种观点时进行批判性思考[19]。这也是新西兰在地理学科中对于其提出的思维这一核心素养的落实，运用创造性、批判性和元认知过程来理解信息、经验与想法，挑战已有假设和固有观念[28, 29]。可以见得，"观点"地理大概念能够实现新西兰赋予地理课程的独特育人价值。

（三）基于比较的大概念内容释义特征分析

1. 概念呈现形式具有相似性

地理大概念的呈现形式具有多样可能性，但五国地理课程标准对于其呈现形式具有较为统一的偏好。格兰特·威金斯指出大概念可以表现为一个概念、主题、有争议的结论或观点、理论、原则等等，其呈现形式可以是一个词语、短语乃至句子[30]；刘徽等进一步指出，大概念的英文原文为"big idea"，"idea"一词有观念之意，超越了概念的形式而包含概念之间的关联，因此尽管概念是大概念的重要表现形式之一，观念、论题也可用于表示大概念[31]。然而，英国、美国、澳大利亚、新西兰与南非地理课程标准就大概念的呈现形式而言具有高度相似性，均选择以在文件中以词语或短语呈现大概念；此外，除南非以外，四国地理课程标准以句子的形式对于大概念进行释义。可以认为五国对于地理大概念的呈现形式为以高度概括的词语或短语为主体，以抽象性略弱且揭示关系的句子做补充：简洁的词语能够在课程标准中以最提纲挈领的形式表明地理学科教学的核心内容，而句子作为补充可以组成对大概念的释义，帮助教师厘清大概念的内禀、大概念间的联系、大概念与学科教学的结合点。

2. 概念内容具有聚焦性与共现性

尽管英国、美国、澳大利亚、新西兰与南非地理课程标准适用学段各异、对于大概念界定具有差异性，但五国地理课程标准罗列出共 31 条地理大概念内容，呈现出高频地理大概念于五国地理课程标准中聚焦、地理大概念组合于特定国家地理课程标准中共现的特征。就高频地理大概念内容而言，地方、空间、相互关系、可持续性等地理大概念内容反映地理学科本质特征、体现地理教学的核心，作为高频大概念内容反复、多次于五国地理课程标准中出现，昭示五国地理课程标准对于地理课程聚焦点的共识。在大概念内容组合共现方面，地方和空间作为大概念内容于英国、美国、澳大利亚与南非地理课程标准中共同出现，相互关系和可持续性作为大概念内容于英国、澳大利亚与新西兰地理课程标准中共同出现，且几乎不存在单独出现情况，大概念内容组合的共现性表明了地理课程标准中提出的大概念之间具有一定的关联——例如，相互关系大概念可认为是学生发展对可持续性大概念理解的基础，通过建立人类活动影响地理环境、地理环境支撑人类生产生活的认识，学生会自发地对如何在满足自身需求的同时不妨碍后代的需求这一问题进行思考。

3. 概念释义体现导向性与灵活性

分析五国地理课程标准中地理大概念可知，五国地理大概念内容与释义聚焦但并非严格一致，对于"什么概念是地理大概念""地理大概念的具体释义是什么"并没有统一的解答。同时，五国地理大概念具有关联性，所处维度并非完全位于地理学科的最顶层，而是多位于地理学科概念体系的高层，发挥作为开展地理学科教学核心的作用，这一作用多依托大概念释义实现且对于地理课程落实五国地理育人目标必不可少。例如，尽管英国所提出的"文化理解和多样性"大概念可能并不位于地理学科顶层，但针对该概念的释义表明其能够引导学生欣赏人、地方、环境和文化之间的差异和相似之处[10]，于地理学科中融入对社会多样性的保护实现育人价值，因而该概念可以作为地理学科教学的核心之一，成为英国地理课程标准中的地理大概念。总体而言，五国地理课程标准中地理大概念灵活而服务于学习目的，响应五国对于地理学科特有育人目标与育人价值的思考。

三、地理大概念的国际启鉴

（一）不拘形式，基于本质特征界定地理大概念

分析五国地理课程标准及中外基础教育领域对

于大概念术语界定发现，其英文与中文表述有 big ideas、key concepts、threshold concepts、核心概念乃至大观念等多种，术语大多由说明大概念本质特征的形容词与体现大概念呈现形式的名词构成。就前置形容词而言，大概念的"大"并非指代包含内容庞大，而应结合其本质特征进行理解[30, 31]：大概念呈现中心性，居于学科中心位置集中体现学科结构与本质；大概念呈现网络状，能够实现学科间和学科内部横纵联结以指导形成课程（以及单元等不同层次教学组织结构[32]）；大概念呈现思维性，是在具体事实知识基础上概括、抽象与归纳形成的结果，亦可以通过演绎推理的形式得出其统摄的具体事实知识；大概念呈现可持久性，是具体事实知识消失后学生仍然能够保留的对学科的深入理解；大概念呈现可迁移性，能够应用于学生学习以及生活中遇到的新情境，解决现实生活中的真实问题。[21, 22]就后置名词而言，刘徽等学者基于威金斯提出大概念可以表达为概念、主题、观点、理论、问题等形式的论述，指出大概念的"概念"包括概念、观念和论题三类[31]。因此笔者认为，大概念的"概念"本质是思维活动的产物和结果，不局限于特定表现形式；大概念的术语表达是为外相，对于地理大概念的界定应当关注其内涵意蕴与本质特征：地理学科大概念是基于具体地理事实知识抽象而成，居于地理学科中心能够联结地理与其他学科学习内容，进而帮助学生持久而深入理解地理现象与过程，并且可以在新情境进行应用的思维活动结果产物。诚然于此处结合大概念本质特征对地理大概念进行界定，但仍需指出"什么是地理大概念"并无标准答案，基于本质特征对地理大概念进行界定，仅为分析五国地理课程标准地理大概念界定所得启示，以期指导后续地理大概念内容的确定；地理大概念真正内涵仍需在本土教育实践中不断探索厘清。

（二）立足学科，围绕基本结构确定地理大概念

布鲁纳学科基本结构理论指出，每一门学科都有其基本结构，而学习该学科的关键就在于能否掌握学科基本结构[33, 34]，而所谓基本结构，即是指学科的基本概念和原理之间的具有内在联系并起普遍作用的知识体系[35]，具有框架的特征。已有地理

课程标准明确其提出地理大概念与学科基本结构密切相关，如美国地理课程标准指出大概念构成了研究地球的学科框架，是学科知识下属第一层级概念内容[15, 16]；新西兰地理课程标准说明大概念提供了地理学家解释与表示世界信息的框架[19]；南非地理课程标准强调大概念构成的框架可以应用于地理学科中的任何主题。[20]同时，地方、空间、相互关系、可持续性等地理大概念内容于五国地理课程标准中高频出现，或许表明地理教学的核心内容初具认可，共同勾勒出当前五国地理课程标准对于地理学科基本结构的理解。综上，地理大概念的提取确定应当立足学科且围绕学科基本结构，同时兼顾对地理教学内容的统摄性。因此，可以将我国地理课程标准作为地理大概念提取的基本素材，并且重点关注其中"课程结构"与"课程内容"部分[36]，二者以地理学学科体系为设计依据之一，兼顾学生多元发展需求，充分体现地理学科的本质与价值，能够支撑地理大概念的提取。

（三）灵活机动，指向育人目标释义地理大概念

多数地理课程标准对于地理大概念的阐述并不止于界定地理大概念术语、确定地理大概念内容，往往进一步对地理大概念进行释义：以澳大利亚地理课程标准为例，明确地理大概念是高层次想法和思维方式，而"变化"是地理大概念的内容之一，进而对"变化"这一地理大概念释义为"通过研究地理现象如何随时间推移而发展进而对其进行解释""环境变化可以在短时间尺度和长时间尺度发生，在两个时间尺度均与人类活动具有相关性；环境、经济、社会和技术的变化在空间上并不均衡，并且对地方的影响不同""了解当前的变化过程可以预测未来变化趋向，进而确定实现可持续的未来需要什么"[18]。可知，在地理大概念释义过程中，其抽象性降低，所包含的学科知识得到更为充分的表述，并且通过描述大概念所涉及的小概念实现对孤立、碎片知识的整合统摄[37]。地理大概念的释义是后续基于地理大概念开展教学的基础，释义帮助理解地理大概念究竟统摄哪些教学内容、包含什么具体事实知识，又该如何作为教学内容的组织线索加以应用。

通过对五国地理课程标准比较发现，文件中对地理大概念（尤其是低频地理大概念）的释义内容具有灵活性，体现五国对于地理课程育人价值的不同理解：美国在"地理应用"大概念下包含应用地理学理解过去、解读当下并规划未来两大地理标准[15]，释义中强调地理的实际应用以贯彻"实践地理"课程理念[17]，助力学生通过对地理的理解而解决世界问题；新西兰"观点"大概念释义内容涉及观点是什么、观点能做什么、观点受什么影响，对观点的理解能够促使学生批判甚至突破理所当然的认识世界的固有方式[29]，培养学生批判性思维并帮助学生塑造更美好未来，于地理课程中落实新西兰提出的核心素养。基于前文分析，可以理解在释义中浸润地理学科育人价值是合理且适切的，相较于地理大概念内容，地理大概念释义概括程度略低且更易于理解，便于指导教师开展教学实践。因此，在对地理大概念进行释义之时，不仅需要关注地理大概念在学科层面上含义，还应聚焦该地理大概念在育人层面价值，密切结合核心素养，从地理学科视角实现立德树人根本目标。

参考文献：

[1] Kenneth J G, John L. Big Ideas in the Geography Curriculum: Nature, Awareness and Need[J].Journal of Geography in Higher Education, 2021, 47(1): 9-28.

[2] 李刚，吕立杰. 国外围绕大概念进行课程设计模式探析及其启示[J]. 比较教育研究, 2018, 40(9): 35-43.

[3] 余文森. 论学科核心素养的课程论意义[J]. 教育研究, 2018, 39(3): 129-135.

[4] 中华人民共和国教育部. 普通高中地理课程标准（2017年版 2020 年修订）[M]. 北京：人民教育出版社, 2020.

[5] 沈琰琰，张家辉. 中学地理教育教学研究报告（2016-2020 年）——基于人大复印报刊资料的转载数据[J]. 天津师范大学学报（基础教育版）, 2022, 23(1): 35-40.

[6] 胡蓉，余靖宇. 地理学科大概念：提取、释义与教学策略[J]. 地理教学, 2022(10): 14-18.

[7] 焦林峰，刘兰. 基于不同地区地理课程标准的中学地理核心概念比较研究[J]. 中学地理教学参考, 2021(1): 32-36, 40.

[8] 沙莉，翟杰. 日、英、美幼儿教师职级制的比较研究及启示[J]. 天津师范大学学报（基础教育版）, 2016, 17(1): 69-75.

[9] 吕立杰. 大概念课程设计的内涵与实施[J]. 教育研究, 2020, 41(10): 53-61.

[10] Department for Education(UK).The Geography National Curriculum for England for Key Stage 3[EB/OL].(2013-09-11)(2023-09-20).https://webarchive.nationalarchives.gov.uk/ukgwa/20140107083023/http://www.education.gov.uk/schools/teachingandlearning/curriculum/secondary.

[11] 张建珍，[英]大卫·兰伯特. 英国地理课程标准的新近转向——2008 版和 2014 版英国地理 KS3 课程标准之比较[J]. 课程·教材·教法, 2016, 36(10): 122-127.

[12] Department for Education(UK).National Curriculum in England: Geography Programmes of Study[EB/OL].(2013-09-11)[2023-09-20].https://www.gov.uk/government/publications/national-curriculum-in-england-geography-programmes-of-study.

[13] 龚倩，段玉山，蒋连飞，等. 英国地理课程中的"知识转向"[J]. 全球教育展望, 2018, 47(7): 57-65.

[14] Mary F, David M, Emma T. Recontextualising Geography in Education[M]. London: Springer, 2021.

[15] National Council for Geographic Education(USA).Geography for Life: National Geography Standards,Second Edition.[EB/OL].[2023-08-20]. https://ncge.org/teacher-resources/national-geography-standards/.

[16] Bednarz S.W, et al. Geography for Life: National Geography Standards[M]. Washington D.C.: Department of Education, 1994.

[17] 刘桂侠，靳玉乐. 美国"实践地理"课程理念的实施及启示[J]. 课程·教材·教法, 2020, 40(9): 137-143.

[18] Australian Curriculum, Assessment and Reporting Authority. F-10 Curriculum Geography[EB/OL].[2023-08-24]. https://www.australiancurriculum.edu.au/f-10-curriculum/humanities-and-social-sciences/geography/structure/.

[19] Ministry of Education(New Zealand). New Zealand Curriculum Guides(senior secondary)-Geography[EB/OL].(2013-2-21)[2023-09-04]. https://seniorsecondary.tki.org.nz/Social-sciences/Geography.

[20] Department: Basic Education(The Republic of South Africa). National Curriculum Statement-Curriculum and Assessment Policy Statement[EB/OL].[2023-09-24]. https://www.education.gov.za/Curriculum/CurriculumAssessmentPolicyStatements(CAPS)/CAPSFET.aspx.

［21］祝钱.国内"大概念"教学的历程检视和实践展望——基于 2000~2020 年间 61 篇核心论文的研究［J］.上海教育科研,2021（6）:18-23.

［22］李刚,吕立杰.大概念课程设计:指向学科核心素养落实的课程架构［J］.教育发展研究,2018,38（Z2）:35-42.

［23］杨向东,黄婧,陈曦等.论概念性理解——兼及"钱学森之问"的教育破解途径［J］.教育发展研究,2022,42（20）:54-68.

［24］Government（UK）.Research Review Series:Geography［EB/OL］.（2021-06-17）［2023-09-25］.https://www.gov.uk/government/publications/research-review-series-geography.

［25］美国国家研究院地学、环境与资源委员会地球科学与资源局重新发现地理学委员会.重新发现地理学:与科学和社会的新关联［M］.黄润华,译.北京:学苑出版社,2002.

［26］世界环境与发展委员会.我们共同的未来［M］.王之佳等,译.长春:吉林出版社,1997.

［27］刘晨.英国基本价值观教育:现实动因、政策演进与实践进路［J］.比较教育研究,2022,44（7）:12-21.

［28］Ministry of Education（New Zealand）.The New Zealand Curriculum［EB/OL］.（2023-04-28］［2023-09-20］.https://nzcurriculum.tki.org.nz/The-New-Zealand-Curriculum#thinking.

［29］宋佳,张培菌.新西兰基础教育核心素养实施路径与趋向研究［J］.基础教育课程,2022,313（1）:69-77.

［30］［美］格兰特·威金斯,杰伊·麦克泰格.追求理解的教学设计（第二版）［M］.闫寒冰,宋雪莲,赖平,译.上海:华东师范大学出版社,2017.

［31］刘徽,徐玲玲.大概念和大概念教学［J］.上海教育,2020（11）:28-33.

［32］［美］泰勒.课程与教学的基本原理［M］.罗康,张阅,译.北京:中国轻工业出版社,2014.

［33］［美］布鲁纳,著.教育过程［M］.邵瑞珍,译.北京:文化教育出版社,1982.

［34］申大魁,毛广雄,曹蕾.地理学科大概念的内涵、意义和提取路径［J］.中学地理教学参考,2022（9）:34-36.

［35］余文森.布鲁纳结构主义教学理论评析［J］.外国教育研究,1992（3）:13-16.

［36］邵卓越,刘徽,徐亚萱.罗盘定位:提取大概念的八条路径［J］.上海教育科研,2022（1）:12-18,30.

［37］苏小兵.中学地理学科大观念的概念辨析及建构路径［J］.课程·教材·教法,2022,42（3）:115-123.

基金项目:江苏高校哲学社会科学研究项目"国家安全教育融入中小学课程的现状及其优化策略研究"（2022SJYB 0235）,江苏省教育科学"十四五"规划 2021 年度重大课题"未来学校建设研究"（A/2021/05）阶段性成果。

基于 UbD 理念的高中地理教学设计

——以"城镇的空间结构"为例

嵇焕昱

（江苏省前黄高级中学，江苏 常州 215300）

摘　要： UbD 理念在教学实践中分为明确预期学习结果、确定可接受的评估证据和设计学习体验与教学三个阶段。本文以"城镇的空间结构"为例探讨了 UbD 理念在高中地理教学中的应用，该模式注重学习目标的清晰性、课程连贯性和评估的重要性，确保学生真正理解和应用地理知识，提升分析和解决生活中地理问题的能力，促进深度学习。

关键词： UbD 理念；城镇的空间结构；高中地理教学

一、UbD 理念

由 Grant Wiggins 和 Jay McTighe 共同提出的 Understanding by Design（简称 UbD）理念是追求理解的教学设计，"以始为终"的逆向思维展开课程设计[1]，其核心是先确定学生需要达到的学习目标，然后设计课程内容和教学活动，以帮助实现学习目标，可广泛用于课程规划和教学设计框架。

UbD 理念在实际教学中应按照三个阶段展开，第一阶段为明确预期学习结果，在此阶段教师从学生的角度出发，确定希望学生最终获得的地理知识、技能、过程、方法和价值观，最终培养落实的地理核心素养；第二阶段为确定可接受的评估证据，在此阶段确定衡量学生学习和理解程度的评估标准，从而判断学生是否已达到第一阶段确定的预期结果；第三阶段为设计学习体验与教学，在此阶段教师规划支撑学生学习的教学支架，展开教学活动，帮助学生学习和体验，以实现第一阶段确定的预期结果。

二、UbD 理念与传统教学模式的对比

传统教学设计流程通常先确定本节课的教学目标、教学重难点，再选择合适的教学方法展开教学过程设计，最后在教学活动结束后才进行评价。传统教学更加注重教师所教授的内容，且评价方式较为单一，多为结果性评价。而 UbD 理念分为预期学习结果、制订评估证据、设计学习体验三个阶段[2]，与常规教学思路相反，要求教师在设计教学过程之前，先确定本节课最终想要学生达成的结果，再根据预期结果确定评估证据，最后以此为导向逆向设计活动展开教学过程，从而达成教学目标。UbD 理念指导下的教学在课堂开始前就明确了课堂评价标准，以此为基础展开教学活动，注重过程性评价，可以更好地实现教—学—评的一致性。逆向教学设计的核心理念是让学生成为学习的主体，确保学生真正理解和应用知识，进行有意义的学习，激发学生的学习兴趣和动力，从而提高教学的效果，促进学生的深度学习。

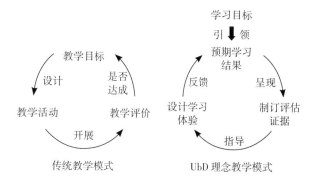

图 1　传统教学与 UbD 理念指导下教学模式的对比

通过图 1 对比可见，UbD 教学模式和传统教学模式之间存在一些显著差异。

（1）学习目标的优先级：UbD 强调明确定义学习目标和核心概念，将学习的终极目标置于首位。传统教学可能倾向于侧重于教授课程材料，学习目标可能不够清晰或受到课本内容的限制。

（2）课程设计的重点：UbD 教学模式的重点在于从学生应该理解的核心概念开始，然后设计相关的学习活动和评估，鼓励建立课程的连贯性和一致性，确保不同教学单元之间有内在的联系。传统教学可能更侧重于按照课程大纲依次授课，强调传授知识，知识较为分散。

（3）评估的目的：UbD 教学模式强调明确的评估标准，以确保学生是否真正理解和应用了核心概念。传统教学的评估可能主要关注知识的记忆和应试能力。

（4）学生的角色：UbD 教学模式鼓励学生参与主动的学习，根据不同学生的需求和能力进行个性化调整，以确保每个学生都有有意义的学习，培养批判性思维和问题解决能力。传统教学中，学生通常扮演被动接受知识的角色。

三、UbD 理念指导下的高中地理逆向教学设计

本文选用人教版高中地理新教材必修第二册中"乡村和城镇空间结构"这一节的内容，本节内容包括乡村和城镇两部分，但由于城镇土地利用影响因素更多，较为复杂，因此本节以"城镇空间结构"为标题，按照 UbD 理念的三个阶段展开地理逆向教学设计。

（一）阶段一：预期学习结果

UbD 理念强调明确定义学习目标和核心理念，将学习的终极目标置于首位。预期学习结果即根据课程标准及学生学情，确定学生学习过程中应达成的预期表现。教师在确定预期学习结果之前应该先考虑学生在此之前需要先了解哪些内容，课堂中通过掌握哪些知识从而做什么程度。《普通高中地理课程标准（2017 年版 2020 年修订）》为"城镇的空间结构"一课提供了可以参考的教学目标：结合实例，解释城镇和乡村内部的空间结构。[3]结合

新课标的要求，本节课最终的学习目标包括以下三个方面。

（1）能够通过熟悉的生活场景，学生能了解土地利用类型知识，掌握功能区特征的分析技能，培养热爱生活、关注社会变化的态度。

（2）根据相关资料，学生能理解城市内部空间的影响因素，掌握建模分析的技能，形成城市空间结构与模式的思想。

（3）利用提供的资料，学生能够了解国土空间规划的基本知识，尝试从生产、生活、生态等角度对两湖创新区进行规划，体悟到国土空间规划重要性，形成关注社会发展、了解家乡变化的意识。

学生应该理解的核心概念为"空间结构"，本节课表现为"空间结构"的内部组成、分布模式、影响因素与布局规划。因此，"城镇的空间结构"一节预期的学习结果具体呈现为认识功能区、分析空间结构分布的影响因素和规划城镇空间结构三大方面，如表 1。

表 1 "城镇的空间结构"一节中的预期学习结果

教学目标指导下的预期学习结果	
1. 探究城镇功能区 （空间结构的内部组成）	（1）理解土地利用类型及功能区
	（2）描述居住区的特点
	（3）分析商业区的分布特点及影响因素
	（4）分析工业区分布的影响因素
2. 探究城镇内部空间 结构模式 （空间分布影响因素）	（1）理解各功能区的付租能力及分布
	（2）区分城镇空间结构模式
	（3）分析城镇空间结构形成的影响因素
3. 规划两湖创新区的 未来 （空间结构的布局规划）	结合本节课所学内容，能从生产、生活、生态三个角度对具体城市进行空间规划

（二）阶段二：制订评估证据

那么该如何证明学生达成所预期的学习结果呢？那就需要教师采用全面、客观的评价标准对学生预期表现呈现具体化、多样化、科学性和可操作性的评估证据来证明学生达到了阶段一的学习目标。UbD 理念要求课程展开前要有明确的评估标准，使教育者能够更容易地评估学生是否达到了学习目标，同时也为学生提供明确的标准以衡量自己的学习进度。

例如，要证明达成"认识空间结构的内部组成"这一预期结果，须对其进行进一步细分，并一一对应制订评估证据。如能根据低级、高级居住区的对

比图，从不同维度说出二者区别，并能联系生活实际进行举例说明；能根据城市国土空间规划图说出实际商业区的分布特征，并从市场的广阔性与交通的通达度两大方面进行阐述；通过对比前后某市工

业区的分布，能结合迁移的推拉理论，从不同方面分析工业区分布的影响因素。通过分析不同类型功能区，使学生建立对城镇内部空间差异的认识，落实对区域认知素养的培养，其他评估证据详情见表 2。

表 2　　根据预期学习结果制订评估证据

预期学习结果		制订评估证据
一、探究城镇功能区（空间结构的内部组成）	预期 1. 理解城镇功能区的形成，区分土地利用类型及功能区 预期 2. 能从面积、相对位置两个方面描述居住区的分布特征；从面积、配套设施、环境三个角度描述高低级居住区的区别 预期 3. 能够描述并总结商业中心的特点；从市中心及交通两大方面进行阐述，并分析人流量及交通通达性对商业区分布的影响 预期 4. 能从地租、交通、环境三个方面，结合迁移的推拉理论分析工业区分布的影响因素	评价 1. 能区分土地利用类型及功能区，能说出最基本的功能区有哪些 　　优秀□　　良好□　　合格□ 评价 2. 能从两个方面描述居住区的分布特征；从三个角度描述高低级居住区的区别 　　优秀□　　良好□　　合格□ 评价 3. 能描述并总结商业中心的特点；从两个方面进行阐述商业区分布的影响因素 　　优秀□　　良好□　　合格□ 评价 4. 通过对比前后某市工业区的分布，能结合迁移的推拉理论，从三个方面分析工业区分布的影响因素 　　优秀□　　良好□　　合格□
二、探讨城镇内部空间结构的模式（空间结构分布的影响因素）	预期 1. 能区分"各类土地利用付租能力随距离递减示意图"中三条曲线代表的含义，确定三大功能区的位置范围；能够绘制均质土地下由距市中心远近这一经济因素下的城市平面示意图 预期 2. 能够复述城镇空间结构的模式，并能判断某区的空间结构属于哪种模式 预期 3. 能够说出城镇空间结构形成的影响因素除了经济因素，还有政策、环境等因素等	评价 1. 能区分三条曲线代表的含义，确定三大功能区的位置范围；若仅在距市中心远近这一经济因素影响下，并绘制城市平面示意图 　　优秀□　　良好□　　合格□ 评价 2. 能够区分三种传统的城镇空间结构模式，并对某区的空间结构模式进行判断 　　优秀□　　良好□　　合格□ 评价 3. 结合已有知识经验，举例说明影响城镇空间结构形成因素除了经济，还有政策、文化、历史和环境等因素 　　优秀□　　良好□　　合格□
三、规划"两湖"创新区的未来（空间结构的布局规划）	预期 1. 通过合作，阐述从生产、生活、生态三个角度对某城镇进行空间规划的注意事项 预期 2. 根据某城镇自然地理环境特征分布、政府文件及已有基础设施等，能够在图纸上进行合理规划	评价 1. 能从生产、生活、生态三个角度进行城市空间的理论规划 　　优秀□　　良好□　　合格□ 评价 2. 理论联系实际，能结合具体城市绘制城镇空间规划图 　　优秀□　　良好□　　合格□

目前广泛应用的常规评价模式为考试、测验等结果性评价，该评价方式较为片面与单一，无法客观评价学生的学习历程。因此应采用多元评价方式，利用表 2 可以将自我评价与他人评价相结合、过程性评价与终结性评价相结合，注重表现性评价，重点评估学生的实际表现、技能和能力，而不仅仅是课堂或考试中的知识掌握程度。这种评估方法注重学生在真实情境中的应用和表现，强调综合性能力的发展。

（三）阶段三：设计学习体验

确定了学生预期学习结果和合适的评估证据后，再开始设计相应的教学活动，这恰恰就是逆向设计的灵魂所在。UbD 理念倡导学生参与主动的、探究性

的学习，可根据不同学生的需求和能力进行个性化调整，以确保每个学生都能有有意义的学习经验，培养他们的批判性思维和问题解决能力。依据具象的评估证据，教师设计生动有趣、富有挑战性且有可达性的学生体验活动，以此帮助实现最初的预期结果。

在教学活动中，可以采用支架式教学。基于最近发展区理论教师在学生现在已有认知水平和未来潜在发展水平之间搭建可达成的支架，帮助学生向潜在发展区发展，为学生提供个性化的学习支持。[4] 根据学生的学习需求设置个性化脚手架，引导学生自主思考，帮助学生建立牢固的知识基础，提升搜集分析信息和解决生活实际问题的能力。让学生通过自主合作探究的学习方式发挥其主观能动性，促使学生成为知识的主动建构者，实现有意义的学习，以

帮助学生更容易地理解和掌握复杂的学习内容。

发展性任务即以任务为载体,教师和学生课堂中紧紧围绕这个载体开展教学活动,最终完成相关教学目标。[5] 将学习过程分解为若干导向明确、梯度合理的学习活动,通过具有逻辑性、探究性与递进性的发展任务设计,可以帮助学生发展批判性思维、问题解决能力和自主学习技能,显著提高学生间合作氛围、态度、学习动机和能力。表 3 为"城镇的空间结构"一节中融入支架式教学与发展性任务的学习体验设计。

表 3 　融入支架式教学与发展性任务的学习体验设计

设计学习体验	
真实性情境支架	发展性学习任务
支架 1. 高德地图寻找学校 支架 2. 政府文件中对土地利用类型的划分	问题 1. 通过高德地图定位到自己感兴趣的地点,能说出它及其周围的土地利用为何类型? 问题 2. 能从学校附近的地图中找出城镇功能区吗?
支架 1. 常州市城区用地规划图 支架 2. 高级居住区及低级居住区图片(新城帝景 vs 老街)	问题 1. 居住区呈怎样的分布特征? 问题 2. 高级居住区及低级居住区分别有何特点?
支架 1. 吾悦广场图片 支架 2. 常州市城区用地规划图 支架 3. 学校附近的商业区地图	问题 1. 对商业中心有何感受?能据此说出商业中心有何特点? 问题 2. 能通过地图总结商业区的分布有何特征?为何如此分布?
支架 1. 上个世纪 80 年代和现在常州工业区的分布图	问题 . 通过对比分析常州工业区为何向外搬迁?
支架 1. 招标拍卖土地使用权的情境 支架 2. 土地利用付租能力随距离递减示意图 支架 3. 常州市武进区国土空间规划文件	问题 1. 商业活动、居住活动、工业活动随距离市中心远近的付租意愿及能力是如何变化的? 问题 2. 如果由各类用地的付租能力来决定土地的用途,那么会形成哪种功能区?会形成哪种空间结构模式? 问题 3. 在此基础上,增加交通后地租的变化?随着交通的发展或山河的阻挡,城镇空间结构的模式会发生何种改变? 问题 4. 随着经济的发展、城市的扩张,城市出现了新的中心,又会形成什么模式?
支架 1. "两湖"创新区的空间位置、主要交通干线及常州大学西太湖校区的位置 支架 2. 政府文件中"两湖"创新区的总体目标与定位要求	问题 1. 通过合作,阐述从生产、生活、生态三个角度对某城镇进行空间规划的注意事项 问题 2. 结合"两湖"创新区的目标愿景及主题定位,能否从生产、生活、生态三个角度对其进行空间规划?

在设计学生学习体验中,重视运用地图,如通过高德地图定位到学校,认识学校附近土地利用类型,帮助学生更好地建立空间关系;利用常州市城区用地规划图,认识各功能区间的空间分布关系、空间制约关系以及依存关系等,渗透区域认知素养;通过地理信息的空间可视化呈现,帮助学生直观地理解地理现象、地理关系和地理分布,有助于学生更容易理解抽象的地理概念,培养概括归纳空间格局分布的能力;提供上个世纪 80 年代和现在常州工业区的分布图,学生提供对比概括工业区的分布因素,培养学生的综合思维;通过对"各类土地利用付租能力随距离递减示意图"这一抽象模型进行分析,培养空间感知能力,帮助学生理解城市规划和土地分配的必要性,落实人地协调观;最后绘制"两湖"创新区规划图帮助学生实现知识和能力的迁移,将所学的城镇空间分布的影响因素迁移应用到解释现实区域的规划与布局,提升学生的地理实践力。

四、结语

本文以"城镇的空间结构"为例,阐述了 UbD 理念在高中地理教学实践中包括明确预期学习结果、制订评估证据和设计学习体验三个关键阶段。第一阶段,根据课标要求及学生学期确定"城镇的空间结构"的学习目标及核心概念,再以此为引领明确预期结果,明确学生最终掌握地理知识、技能和态度。第二阶段,着重根据细化的预期结果制订多元化的评估标准,结合自评、他评与师评,将过程性和终结性评估相融合,以评价学生的学习进展及表现。第三阶段,涉及设计学习体验活动,充分挖掘乡土素材设计真实性情境,如以常州市为例,认识城镇空间结构,以"两湖"创新区为题展开空间规划实践,鼓励学生主动、探究性的学习,以培养批判性思维和问题解决能力。

UbD 理念强调学生的理解和能力培养,注重学习目标的清晰性、课程连贯性和评估的重要性。更加关注学生应该达到的终极目标，帮助教师更好地规划教学和评估方法，以确保学生真正理解和掌握了关键知识与必备能力。注重学生的学习表现，鼓励课程的连贯性和一致性，有助于学生将知识整合和应用到不同情境中，促进学生的知识理解与迁移。

参考文献：

［1］［美］威金斯，麦克泰格. 追求理解的教学设计（第 2 版）［M］. 闫寒冰，宋雪莲，赖平，译. 上海：华东师范大学出版社，2017.

［2］［美］威金斯，麦克泰格. 重理解的课程设计：专业发展实用手册［M］. 赖丽珍，译. 新北：心理出版社，2008.

［3］中华人民共和国教育部. 普通高中地理课程标准（2017 年版）［M］. 北京：人民教育出版社，2018.

［4］Kozulin A.The Concept of Activity in Soviet Psychology：Vygotsky,His Disciples and Critics［J］.American Psychologist,1986,41（3）: 264-274.

［5］胡伟强. 任务驱动式教学法在计算机教学中的应用［J］. 中国新通信，2015，17（9）: 75-76.

主题式情境螺旋教学研究

——以"太阳高度、太阳方位教学"为例

刘永彪

（湖南省怀化市铁路第一中学，湖南 怀化 418000）

摘　要： 主题式情境螺旋教学指教师预设主题教学情境，依托必备知识和关键能力，循环训练学科核心素养的教学模式。主题式情境有生活实践情境和学习探索情境两种类型，螺旋教学从"简单情境"向"复杂情境"，从"熟悉情境"向"新颖情境"，从"结构良好情境"向"结构不良情境"转换，以此引导学生建构知识、培养能力、提高素养。

关键词： 主题情境；螺旋教学；太阳高度；太阳方位

高中地理课程标准要求地理"核心素养"培养途径之一是学习"生活中的地理"，高考评价体系也将"情境"明确为高考命题的平台和载体，标志着"无情境，不命题"的时代已经到来。[1]

一、主题式情境教学

地理情境是指学生在学习地理知识、探究地理现象和解决地理问题时所处的氛围与环境。[2]高考地理试题情境分两类：生活实践情境和学习探索情境。[1]生活情境主要来源于生活实践，生产情境紧密联系产业活动，二者组成生活实践情境。学习探索情境分为学科情境和学术情境，学科情境主要考查地理基础知识，运用学科专业语言和专用符号作为载体；学术情境是学科情境的升华与深入研究。新时期的高考突出创新、应用与综合三个要素，要求地理课堂教学注重对学生知识和技能的训练，"教学情境俨然已成为了连接问题与地理特征、地理规律的通道"。[3]

沈梓滢认为，地理课堂广泛应用情境教学，逐渐发展为教学的主流方式，但存在"重形式、轻实质"的现象。[4]因此，对于情境教学的研究应聚焦对学生地理核心素养的培养，充分挖掘学科的育人价值与内涵发展，引导学生深度思维、渐进发展。

由此，近阶段以来，地理情境教学逐渐侧重于主题式情境教学。主题式情境教学根据教学需求，预设教学主题，围绕教学主题分层设置教学情境，并在整个课堂依托主题情境重新整合教学知识。与传统教学相比，主题式情境教学更能提升学生的学习能力和核心素养水平。[4]进行主题式情境教学的先决条件是确立以知识为核心的主题，其开展过程或上下贯通，或环环紧扣，或层层递进，使学生在一个具有高度学习动机的有效情境中完成有效学习。[5]

二、螺旋教学

"螺旋教学"源于"螺旋式课程"。20 世纪 60 年代美国著名教育家、心理学家布鲁纳（J. S. Bruner）提出"螺旋式课程"（Spiral Curriculum），是根据"概念结构"来促进学生认知能力发展的课程。[6]

布鲁纳认为：要掌握并有效地加以运用"概念结构"，是不能只靠一次学习就达到目的的，而必须通过反复学习，通过在越来越复杂的形式中加以运用，不断地加深理解，进而逐渐掌握。[7]

在基础教育课程设计和教材编排中运用"螺旋式上升"的编排方式，应坚持如下三个基本原则，即"差异性原则""多维性原则""具体性原则"。[6]

孔凡哲认为：螺旋式上升的立体结构（图 1）通过以下途径实现：

水平 1 为初始状态，水平 8 为高阶状态，螺旋式上升的三个维度分别为"深度深化""广度深化""抽象与类化"，从一个现象获取原理性认知或总结出基本的规律或开展"学科内容现实化"，类化迁移学科知识达到更高阶的认知水平。

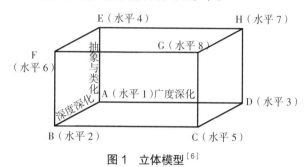

图 1　立体模型[6]

三、情境螺旋教学

情境螺旋教学是两者的综合，指教师预设教学情境，依托必备知识和关键能力，循环训练学科核心素养的教学模式。要求"贯穿教学过程的情境需要高质量的问题来推动"[8]，其模型建构应因教学对象的认识水平、学科特点、目标要求等诸多方面的要素而有不同，但总体来说，情境设计遵循差异性原则，从"简单情境"向"复杂情境"，从"熟悉情境"向"新颖情境"，从"结构良好情境"向"结构不良情境"转换。

高考评价体系规定高考的考查载体——情境，由"一核四层四翼"构建高考评价体系，"核心价值、学科素养、关键能力、必备知识"是高考考查的主要内容；"基础性、综合性、应用性和创新性"是高考考查的重要要求。

情境螺旋教学的主线可以分为两个方面，其一是教师主导的情境螺旋上升设计，依据教学主题、课程标准要求、教学规律、学生的认知水平等综合影响设计的情境，首先是确定主题方向，构建单一的学科知识情境，目标是学习基础知识和基本技能；在熟练掌握该主题基本知识的前提下，过渡到学以致用的生活情境，在实践中发现问题，深入研究，探索学术情境；其次是在更大层面上进行学科的整合，培养综合思维。其二是学生核心素养的强化主

线，不同水平层次的地理核心素养与不同复杂程度的情境相对应。[9]除了在情境类型上的深化外，还包括同一类型情境的深度、广度的递进式变化。

地理学科的关键能力和学科素养整合为七大类：模型建构、信息的获取与解读、逻辑推理与论证、综合思维、区域认知、批判性思维、语言的组织与表达。[10]

据此，笔者设计主题式情境螺旋教学模型的主线示意图（图 2）。

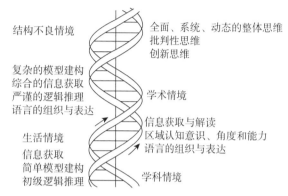

图 2　主题式情境螺旋教学主线示意图

主题式情境螺旋教学与地理核心素养的关系用下表（表 1）表示：

表 1　主题式情境螺旋教学与地理核心素养的关系

主题式情境		核心素养
学科情境		掌握核心知识，构建简单模型
生活情境	生活化的演示情境	区域认知意识、角度和能力
	生活化的问题情境	信息获取与解读
	生活化的实践情境	实践能力、解决问题能力和创造能力
学术情境		复杂的模型建构、综合的信息获取、严谨的逻辑推理、语言的组织与表达
结构不良情境		全面、系统、动态的整体思维；批判性思维；创新思维；发散性思维

四、应用案例

下面以"太阳高度、太阳方位的教学"为例，浅析主题式情境螺旋教学对高中生核心素养培养中的应用。

（一）构建学科情境

学科知识情境来源于教材，具有基础性、权威性、普适性等特征，是学生获取地理基础知识构建地理基本原理的重要手段。

太阳高度：太阳光线与地平面之间的夹角，叫做太阳高度角，简称太阳高度（图 3），一天中太阳

高度最大值出现在正午，称为正午太阳高度，正午太阳高度的计算公式 $H=90°-|\delta\pm\varphi|$

注：δ 为直射点纬度，φ 为当地纬度，冬半年相加（图 4），夏半年相减（图 5）

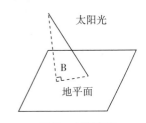

图 3 太阳高度

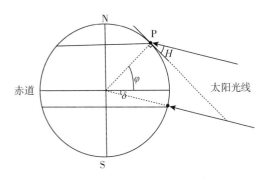

图 4 P 点冬半年正午太阳高度

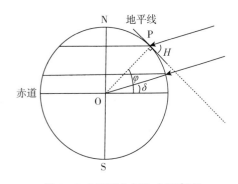

图 5 P 点夏半年正午太阳高度

（二）构建生活情境

生活情境又称生活化情境，主要是以学生熟悉的生活现象、生活事实为背景材料考查抽象枯燥的地理知识。地理学研究对象是地理环境以及人地关系，具有"综合性、区域性"，对学生区域认知与综合思维等方面的能力有着较高的要求。[11]

以核心素养为教学目标的生活化教学能通过知识类比的方式，将抽象复杂的知识转变为熟悉的生活案例或易于理解的类比事物。[12]

教师构建生活情境与地理综合实践活动，锻炼学生的实践能力、解决问题能力和创造能力，激发

学生积极学习情绪、优化学生地理学习体验。

1. 训练正午太阳高度计算的基础性思维，要求学生调动单一的知识或技能

情境 1：绘制怀化某学校（109°E，27°N）的小明同学（下文中小明同）一年中学校所在地的正午太阳高度变化图。

提示：学生调动所学计算出春（秋）分 H_1、夏至日 H_2、冬至日 H_3 怀化的正午太阳高度。

$H_1=90°-|27°-0°|=63°$

$H_2=90°-|27°-23.5°|=86.5°$

$H_3=90°-|27°+23.5°|=39.5°$

绘图如下：（图 6）

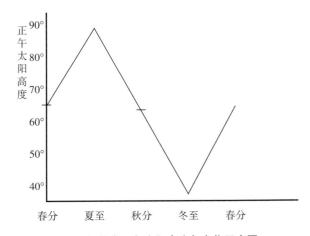

图 6 怀化市正午太阳高度年变化示意图

2. 训练正午太阳高度的动态变化思维，引导学生将原理与生活实践相结合

地理科学虽然不是实验科学，但由于地理的综合性特征，其亦具备实验性质，学生实验是学生最直接的体验，是正确认识自然特征的较好途径。

如在讲授太阳直射点的周期性运动时，结合相关数学知识，引导学生观测正午时段杆影长度的变化，通过设计实验流程测量某地的纬度。利用实验创设教学情境是联系生活经验和教材抽象知识的桥梁，是开发学生思维、培养创造能力的途径。

情境 2：实验观测小明所在学校的正午太阳高度。

器材准备：1 m 高的木杆一根（带一固定铁钉），细绳一根，砝码（20 g）一个（与细绳连接），量角器一个，钢卷尺一把，手表一只，马克笔一支，影长记录纸若干张。

实验时间：当地春（秋）分日，正午左右（地

方时）。

实验步骤：竖立木杆，使其与连结砖码的细绳重合。（砖码在自由状态与地面垂直）

在木杆北部，垂直于木杆平面铺设影长记录纸。

连续 30 分钟，每分钟记录杆影末端位置，测量影子长度。

实验结论：北京时间 11：17 分影长最短；最短影长为 1.96 米。

引导学生计算学校所在的经纬度，与学校所在的位置（109°57′E，27°34′N）基本吻合。在生活情境中，同学们总结出"来增去减""近大远小"的正午太阳高度变化规律。

后期同学们结合本次实验原创了一道试题如下：

6 月 10 日，刚结束高考的小明同学报名参加汽车驾驶员培训，爱好地理的小明同学在为期一个月的时间里坚持利用正午时间对汽车影长进行观测，下列说法可信的是　　　　　（　　）

A. 北京时间 12：00 是汽车影子最短的时刻

B. 有一天测量汽车的影长为 0

C. 汽车影子的朝向发生变化，先是朝正南，后变为朝正北

D. 影子朝向不变，先变短后变长

提示：D

（三）构建学术情境

学术情境是以地理科学问题为背景，按照学术研究的一般路径呈现的真实情境。[13]

赤道坐标系以赤纬 δ 和时角 Ω 表示太阳的位置（图 7）。

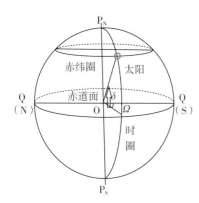

图 7　赤道坐标系：赤纬 δ 和时角 Ω

地平坐标系是以地平圈为基圈，用太阳高度角

h_S 和方位角 A_S 来确定太阳在天球中的位置（图 8）。

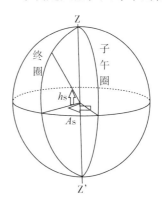

图 8　地平坐标系：太阳高度角 h_S 和方位角 A_S

赤纬角 $\delta=23.45 \cdot \sin 2\pi（284+n）/ 365$，$n$ 为距 1 月 1 日的日数。[13]

日出、日落时刻的太阳方位角计算公式采用 $\cos A_S = -\sin\delta/\cos\varphi$。式中：$\varphi$ 为当地纬度，取一位小数；δ 为太阳赤纬。[14]

$\cos A_S =（\sin\delta \cdot \cos\varphi - \cos\delta \cdot \cos\varphi \cdot \cos\Omega）/\sin h_S$

$\sin h_S = \sin\varphi \cdot \sin\delta + \cos\varphi \cdot \cos\delta \cdot \cos\Omega$

Ω 为太阳时角，$\Omega =（TT-12）\times 15°$，TT 为真太阳时，TT = Cr+Lc+EQ，Cr 为北京时，Lc 为经度订正（4 min / 度），如果地方子午圈在北京子午圈的东边，则 Lc 为正，反之为负，EQ 为时差。[14]

1. 去伪存真，训练地理思维的严谨性

情境 3： ① 小明同学从课本知道春秋分日地方时 6 点太阳日出，方位在正东方向，为什么？② 夏至日为什么日出方位是东北，什么时候位于正东？③ 为什么正午太阳位于当地的正南方？

提示：① 由公式得，

春秋分日：$\cos A_S= -\sin\delta/\cos\varphi=-\sin 0°/\cos 27° =0$

$A_S=-90°$

即：正西日落，正东日出。

当春秋分太阳位于正东时，

$\cos\Omega=\sin 0° /\cos 27° =0$

$\Omega=-90°$

TT=6

由 TT = Cr+Lc+EQ，Cr=6：44　说明春秋分北京时间 6：44（当地地方时 6：00）位于小明所在学校正东方。

② 夏至日：

$\cos A_S= -\sin\delta/ \cos\varphi=-\sin 23.5°/ \cos 27°=-0.447$

$As=-116.5°$

即日落方位角为西偏北 26.5°，日出方位角为东偏北 26.5°

当夏至日太阳位于正东时，$As=-90°$ $cosAs=0$

$sin\delta·cos\varphi-cos\delta·cos\varphi·cos\Omega=0$

$cos\Omega=sin\delta/cos\delta=sin23.5°/cos23.5°=0.434$

$\Omega=-64.2°$

$TT=7：43$

由 $TT = Cr+Lc+EQ$，$Cr=8：23$ 说明夏至日当天北京时间 8：23 太阳位于小明所在学校正东方。

③ 正午太阳方位（以春分为例）：

$\Omega=（TT-12）×15°=0°$，$cos\Omega=1$

$cosAs=（sin\delta·cos\varphi-cos\delta·cos\varphi·cos\Omega）/sin\varphi·sin\delta +cos\varphi·cos\delta·cos\Omega =（sin\delta-cos\delta）cos\varphi/cos（\delta+\varphi）$

$cosAs=（sin0°-cos0°）cos27°/cos（0°+27°）=-1$

$As=180°$

得出：正午太阳位于当地正南方向。

通过以上学术情境的构建，很好地解决了部分同学产生的认识误区：一年中太阳都在当地时间 6 时出现在正东方向。

2. 变熟悉情境为新颖，训练应用能力

新颖情境要求不断加强理论联系实际，紧密结合国家经济社会发展、科学技术前沿、生产生活实践等，充分考虑学生学习和生活实际，将课本知识与"具体真实的世界"关联起来，注重时代性和实践性。

情境 4：（2022 年福建高考题改编）

小明所在校区组织同学开展劳动教育，建立了非对称结构蔬菜种植基地，白天收卷保温被以便蔬菜开展光合作用，地理兴趣小组同学通过测量绘制了温室构造模型示意图（图 9），关于正午地面遮阴带的面积年内变化规律，下列说法正确的是（   ）

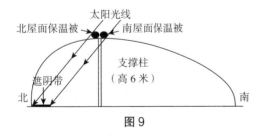

图 9

A. 冬至日当地太阳高度角最小，所以棚内地面遮阴带面积最大

B. 如将支撑柱的高度下降 1 米，棚内正午地面最大遮阴带出现日期将提前，但面积不变

C. 从冬至到夏至，正午棚内地面遮阴带面积不断减少

D. 正午地面遮阴带以支撑柱为界，南部地面遮阴带最大面积大于北部地面

提示：B. 支撑柱下降后，棚内正午地面遮阴带开始出现，正午太阳高度比原来正午太阳高度角要小，因此出现日期比原有日期应提前出现。地面最大遮阴带的面积取决于南北屋面保温被之间的距离，所以面积保持不变。

（四）不良结构情境训练高阶思维

结构不良的问题情境是情境构建条件和结果出现不确定性、复杂性或开放性，表现为冗余信息、隐含信息较多。[1]

1. 融合多学科知识，训练综合性思维

以往情境教学多重视情境创设和情感体验，却忽略思维训练，尤其是综合思维的培养。[9]综合就是地理学最重要的观念、理论、方法和思想的创新和发展。综合思维指人们运用综合的观点认识地理环境的思维方式和能力。[1]综合思维是人们认识地理事物和现象的过程中，全面、系统、动态的思维品质和能力，是地理学研究的基本思想和方法，强调整体观念、时间观念和空间观念，可将其概括为要素综合、时空综合和地方综合。[15]

情境 5：小明同学随车前往研学目的地。刚一出发，途经一南北向水平道路，发现从正对面的汽车挡风玻璃反射的阳光刚好与地面平行，如挡风玻璃倾斜角为 55°（图 10），则手表上显示的时间为多少？出行的日期是什么时候？

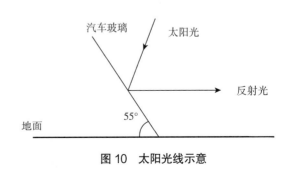

图 10   太阳光线示意

提示：

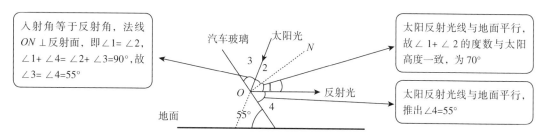

图 11　利用物理知识解读太阳光线[16]

由图 11 可知：该地太阳光线与南北方向重合，则地方时为正午 12 时，推出手表上应为 12：44；结合物理学相关知识，推出当地正午太阳高度角为 70°（图 10），太阳直射点纬度（赤纬）为 7°N，其出行日期由公式赤纬角 $\delta =23.45\sin2\pi$（284+n）/365=7°，得出 n=98，约为 4 月 7 日。

问题与思考：

在情境 5 的研究过程中，我们使用的公式是用日期推出太阳直射点的纬度，但太阳直射点除南北回归线以外，一年中均有两次直射，如何用太阳直射点的纬度反推出日期的公式是什么？本文是固定了 $\sin2\pi$（284+n）/365 的值，通过 $\arcsin0.2978$，找出近似值 $n2$=246，约为 9 月 2 日。但是否有反推的公式有待同行们的指导。

2. 开放问题情境创设，训练发散性思维

情境结构化程度越高，情境的开放性程度就越低，反之则情境的开放性程度越高。

教师在教育过程中应重视发散性思维的培养，通过鼓励学生多角度、多层次地探究问题，持续激发新思路，为学生打下坚实的创新思维基础。这样做不仅符合国家对人才发展的要求，也能让学生在未来激烈的竞争中获得先机。

情境 6：出发 10 天后小明同学到达目的地，同样的情况再次出现了，小明注意到手表上的时间为 12：10，则研学地点在其家乡什么方向？

提示：此题须在情境 5 基础上完成，从时间为 14：00 可知研学地在家乡的东方，如出发日期为 4 月 7 日，10 日后太阳直射点北移，正午太阳高度不变，研学地的纬度较出发地偏高，位置在家乡偏北，综合为东北方。如出发日期为 9 月 2 日，10 日后太阳直射点向南移动，研学地位置在家乡偏南，综合为东南方。

五、结语

本文提出的主题式情境螺旋教学属于对太阳高度教学的尝试，属于单元式的能力强化训练，针对的是高三年级选科地理的同学，部分内容是课外实践，部分内容是师生共同查阅相关资料逐步完善，同学们参与度高、兴趣浓厚，取得了较好的教学效果。地理课本中能开展主题式情境教学的内容还有很多，需要在教学中不断加强理论联系实际，探索更多主题的实际教学案例，深化总结。本文通过具体实践，探索和验证了教学工作开展过程中的一种新的思路、视角和方法，但在后续的工作中，还须做进一步的深化与整合，争取能系统化地应用到高中地理各年级的教学中去，以起到较好的示范作用。同时，在具体的资源开发与应用过程中，也需要注重时代性和实践性，更需要根据学生的实际认知程度，通过复杂文本、实验场景、科技前沿、生产生活等特定情境创设，逐步引导学生在发现和解决实际问题的过程中建构知识、培养能力、提高素养，为学生的成长成才和高效课堂的构建贡献力量。

参考文献：

[1] 中国高考报告学术委员会 . 高考试题分析 . 地理（2024）[M] . 北京：首都师范大学出版社，2023.

[2] 何宇，吴学雄 . 情境视角下高考地理试题分析及备考教学策略[J] . 地理教育，2024(4)：40-45.

[3] 钱凤英，唐菁恺 . 情境教学在初中国家地理教学中的实践：以上教版"东方文明古国——印度"为例[J] . 地理教学，2020(12)：30-32.

[4] 沈梓滢，何亚琼，王泽韵 . 21 世纪以来我国地理情境教学研究现状及未来展望：基于地理教育类三大期刊的文献分析[J] . 中学地理教学参考，2023(14)：19-22.

[5] 潘晓敏 . 地理主题式情境教学漫谈[J] . 地理教育，2013

（1/2）: 46-47.

[6] 孔凡哲.基础教育新课程中"螺旋式上升"的课程设计和教材编排问题探究[J].教育研究,2007(5): 63-68.

[7] [美]布鲁纳.布鲁纳教育论著选[M].北京:人民教育出版社,1989.

[8] 毛其凯.基于情境问题的深度学习探究[J].地理教学,2022(3): 45-49.

[9] 吴慧.基于综合思维培养的高中地理情境教学设计:以"湖泊的演化过程"为例[J].地理教学,2023(21): 47-51.

[10] 中国高考报告学术委员会.高考试题分析 地理（2024）[M].北京:首都师范大学出版社,2023.

[11] 宁本冉.浅谈高中地理教学中生活化情境的创设[J].高考,2022(12): 111-113.

[12] 康小花.核心素养背景下高中地理生活化教学情境创设策略思考[J].高考,2023(6): 76-79.

[13] 陈健婷,温银婷,傅守忠等.最佳太阳方位角计算[J].肇庆学院学报,2014(2): 20-21.

[14] 王国安,米鸿涛,李兰霞等.太阳高度角和日出日落时刻太阳方位角一年变化范围的计算[J].气象与环境科学,2007,35(增刊): 161-163.

[15] 中华人民共和国教育部.普通高中地理课程标准（2017年版 2020 年修订）[M].北京:人民教育出版社,2020.

[16] 杜志建.2024 试题调研第 8 辑[M].乌鲁木齐:新疆青少年出版社,2024.

基于试题构成要素的地球科学奥赛命题多维分析

——以"2018—2024 年全国决赛试题"为例

谢娇珑[1]　陈仕涛[*2]　张瑞琦[1]　付一鸣[1,2]　臧　锋[3]

（1. 南京师范大学教师教育学院；2. 南京师范大学地理科学学院；
3. 南京市第一中学，江苏 南京　210023）

摘　要：本文基于 2018 年至 2024 年全国中学生地球科学奥林匹克竞赛试题总体情况，从继承性和发展性两个方面分析了竞赛的命题规律。在此基础上，分别从试题构成要素的立意、情境、设问和答案角度，探析了试题的应然进路，并对竞赛命题未来发展给出了内蕴学科理解和外改命题形式的建议。

关键词：地球科学奥赛；试题构成要素；高中地理；多维分析

全国中学生地球科学奥林匹克竞赛（Chinese Earth Science Olympiad，缩写为 CESO）是我国 2017 年起举办，并在 2018 年起面向全国中学生开展的地球科学奥林匹克竞赛活动。该竞赛旨在为国际地球科学奥林匹克竞赛（IESO）选拔和培养参赛人才，同时为对地球科学有兴趣且学有余力的中学生提供进一步提高的机会。

试题作为竞赛的核心内容，其质量直接关系到竞赛的成效和影响力，因此分析历年奥赛试题对于推动奥赛持续发展具有重要意义。本文旨在讨论试题命题规律，从试题的构成要素——立意、情境、设问及答案四个维度出发分析命题的应然进路，并尝试提出有针对性的命制意见。

一、CESO 命题总体情况

1. 题量与题型

竞赛总题量在 60~110 道之间，2023 年以前全部为选择题，2023 年以后取消理论题中的单选，出现综合分析的新题型。选择题每题 1 分，不定项选择漏选扣 0.5 分，选错不得分；综合分析计算题每道 5 分、10 分、15 分不等。

决赛分为理论部分和实践部分，其中实践试题参赛者在野外真实情境中实地观察、操作或观看相关野外记录视频后返回考场以实践内容为对象进行书面考察。

表 1　决赛试题题量、题型统计

	2018	2019	2020	2021	2022	2023	2024
理论题	79	80		61	84	43	53
实践题	30	0		30	20	20	15
单选题	25	55		43	30	0	13（实践）
不定项选择题	84	25	停办	48	74	48	27
综合分析计算	0	0		0	0	15	28
总题量	109	80		91	104	63	68

2. 内容结构

地球科学主要包括固体地球科学（地质科学、地球物理学）和表层地球科学（地理科学、海洋科学、大气科学、空间物理学）两部分[1]。赛事考纲

中分为地质学（含地貌学）、固体地球物理学、大气物理与气象学、海洋科学、地球与太阳系，环境科学和遥感与对地观测七个部分。需要注意的是考试大纲只作为命题范围的参考，在实际考察中也会出现超纲的情况。

二、命题规律浅析

基于对六年决赛试题的多角度分析，本文发现命题在保有内核继承性的基础上出现了一些明显的新变化。以下从命题继承性和发展性两个角度对试题规律进行分析。

（一）试题命制的继承性

1. 地质为基：构建以地质学为核心的竞赛试题体系

CESO 决赛命题中地质学内容占比较高，最高为 2021 年，占比约 68.1%，最低为 2018 年，占比约 47.7%，总体呈波动状，但高占比充分体现了地质学在地球科学中的核心地位。地质学作为研究地球内部的基础学科，参赛者在深入认识地球科学时地质学可视为他们需要迈过的第一道门槛，备赛过程中建议将《普通地质学》等高等教育入门书籍当作主要参考书目。

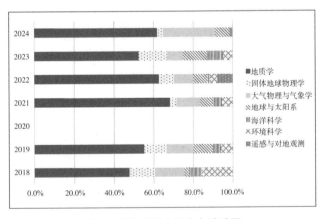

图 1　决赛考察内容分布统计图

地质学是高等教学中地学相关专业的入门学科，但往往因其工作的特殊性和野外实践带来"偏见"难以成为优秀人才大学专业的第一选择。建立以地质学为核心的地球科学奥林匹克竞赛试题体系不仅能促进中学生重新认识地学，也有助于促进高中选科和高校地学相关专业招生相呼应，培养和选拔地学未来的高级人才。部分重点院校业已将 CESO 成绩列入强基计划相关专业招生参考指标。

2. 实践领航：从野外真实情境出发考察地理实践力

《普通高中地理课程标准（2017 年版）》提出了地理核心素养，其中"地理实践力"的表述为："人们在考察、调查和实验等地理实践活动中所具备的意志品质和行动能力。"基于真实情境的野外实践能力是地学相关学科学习的基础，在实践的情境中学习可以加强学生对相关知识的感性认识和深度理解。野外实践能促进地理实践力的发展，帮助学生在真实环境中运用适当的方式观察和认识世界，体验和感悟人地关系，并做到知行合一、乐学善学、不畏困难。下表为历届决赛野外选址分布：

表 2　历年决赛举办与承办方

年份	举办地	承办方
2018	北京	北京大学 × 北京 101 中学联合承办
2021	浙江 杭州	浙江大学承办
2022	湖北 武汉	中国地质大学承办
2023	江苏 南京	南京大学承办
2024	辽宁 长春	吉林大学承办

竞赛方选择一个野外实践地点，参赛者实地考察后回到考场完成实践部分测试，实践地点一般地质学习资源丰富，可以设置多元探索项目，如 2023 年决赛野外实践地点在南京汤山，汤山地质地理研学基地以丰富的地质研学资源和优美的自然环境为特色，为竞赛实践部分提供了独特优势。南京汤山矿坑公园还作为南京"城市双修"试点工程之一，符合安全性、课程性、实效性和可操作性四项研学原则，是非常优质的地学实践考察地点[2]。

实践题设问角度主要在岩石性质、矿物性质、岩层产状和整合关系上，通过观察野外剖面设置"判断岩石性质—判断岩石的矿物构成—分析构造面特征—判断地层接触关系—推测可能出现过的地质现象"的问题链，这些题目有助于深化认识地球科学中地质部分，同时也为未来地球科学的学习和从事相关研究夯实基础。

3. 链接中学：深化中学地理知识考察发展高阶思维

高阶思维是发生在较高认知水平层次上的心智活动或较高层次的认知能力[3]。这种思维过程往往伴随着对信息的深度加工、对知识的重新整合以及对问题的创新性解答。本竞赛不仅是对既有知识储备的检验，更是促进考生高阶思维发展的重要平台。

【例 1】板块构造理论阐述，板块边界有生长边界和消亡边界（图 17a）[人教版选择性必修一有提及]。同时，在太平洋板块周围，出现了众多活动火山圈闭的"火环"（图 17b）。……

以下表述合理的是：　　　　　　　（　　　　）

A. 长白山天池火山属于板内（板块内部）火山

B. 长白山天池火山属于板块边界火山

C. 长白山天池火山可能是西太平洋板块俯冲诱发形成的

D. 长白山天池火山属于"热点"火山喷发

E. 长白山火山群是大陆裂谷火山

地球科学竞赛是基于中学生原有地理知识进行广度、宽度拓展之后考察，如 2021 年决赛试题（例 1）中基于高中地理必修一板块构造理论进一步提出了"火环"和"热点喷发"的专业概念。火环是环太平洋地震带的别称，是围绕太平洋经常发生火山活动和地震的马蹄形环状区域，概念本身已经在考生掌握的范围内。而"热点"火山是地幔柱为火山提供热量和岩浆来源，这种成因的火山被称为热点（Hot spot）火山，学生需要进一步判断长白山是否符合热点火山的定义，这对考生提出了更专业的要求。

试题命制着力寻找地球科学和中学地理教育的衔接点，旨在确保 CESO 内容既能够充分展现地球科学的专业性，又能够从中学生的实际学习情况和认知水平出发，从核心概念体系发展更复杂的思维结构，体现了通过竞赛促进学生高阶思维发展的特点。

4. 学科融合：命题耦合跨学科知识点强化以考促学

地球科学内分多个子学科的同时外接其他学科领域，竞赛试题的命制也同样体现跨学科的特点，不仅涵盖了地质学、地球物理学、大气物理学等地球科学的基本内容，还融入了生态学和环境科学等其他科学，同时也要求配合化学反应分析、数学计算等其他学科基础能力，这使得试题的考察范围更加广泛，难度也相应提升。

【例 2】距今 2.5 亿年之前的二叠纪—三叠纪之交（P-T 转折），发生了地球历史上最为严重的生物灭绝事件，超过 95% 的海洋无脊椎动物发生了绝灭，同时陆地生态系统也受到了严重的破坏。……

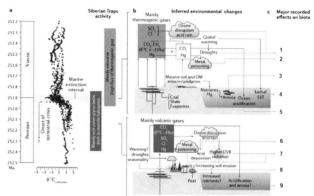

二叠纪 - 三叠纪之交生物大绝灭的机制（据 Dal Corso et al.,2022）

例 2 以地球历史上一次生物灭绝事件的地质记录为主线设计了如下问题链：

题目		考察学科及思路
Q1：请根据上图进行分析，并在箭头数字（1~9）后面填入相应的主要地质记录，结果写在答题纸上	地质学、大气物理学和气象学、海洋科学	探求关于固体地球的基本知识，研究地球演化历史；地质活动造成的气体释放导致大气物理化学性质变化从而让影响生物圈变化；大气成分改变造成的海洋成分变化
Q2：请计算火山喷发之后，海气达到重新平衡，海水的 pH 变成了多少	海洋科学→化学	纯水和海水的物理性质；海水的组成和特性；海水中发生的化学反应和电离过程和离子浓度计算
Q3：通过计算，求解生物绝灭前后，有机碳埋藏比例：$f_{org}=F_{org}/(f_{org}+F_{carb})$ 是升高还是降低了，变化了多少	地质学—生物化学	古生物和地层学知识；根据碳同位素计算有机碳埋藏比例
Q4：通过计算，试估计这一撞击可能导致的水的最大蒸发量是多少？并简要分析大量水蒸发可能产生的环境效应	地质学、气象学、水文学、地球物理学、生态学等	要计算一次撞击导致的最大蒸发量，需要综合撞击质量、速度等基本参数以及该地水的温度、大气条件等环境特征，同时要考虑能量守恒和水的汽化潜热等参数。分析大量水蒸发的环境效应可以从气候变化、生态影响和大气成分变化角度考虑

地球科学与其他基础学科具有密切的关系，学科交叉形成了地球科学新的学科方向，CESO 考察对象是高中学生，相对来讲选科为"物化地"考生更具备优势，但实际参赛者选科组合存在多样性，所以备赛过程中需要学生吸纳除地理外大量其他学科知识，对考生未来的学术研究和职业定向有一定的价值，充分展现了"以考促学"，这也是地科竞赛有别于其他学科奥赛的地方。

（二）试题命制的发展性

1. 情境增加：优化情境以增加信息承载量

表 3　决赛理论试题情境概况统计

	2018	2019	2020	2021	2022	2023	2024
单一文字情境题组数量	2	0	停办	0	4	0	5
单一图表情境题组数量	6	16		0	11	4	3
图文兼具情境题组数量	1	0		2	2	9	6
理论部分题目总量	79	80		61	84	43	53
缺失情境题目占比	63.3%	55.0%		65.6%	63.1%	39.5%	7.5%

前几届试题在引入实际情境方面存在明显的不足：文字材料支撑较少，整体阅读量偏低，设问角度直接而缺乏深度。这一定程度上使考生跳过了从题干中获取信息的步骤，直接运用已有知识得出答案，考生无需获取、提炼加工、整合有效信息，渗透其中的分析与综合、推理等隐性能力也受到限制。

自 2023 年起，奥赛的命题情境出现了显著的改善。增加了文字材料的丰富性，图文兼具的试题情境明显增多，缺失情境题目数量占比下降，试题更趋向于"依托情境，发展能力"。情境的复杂性、开放性增加，提高了信息承载量，有助于引导学生关注现实生活，促进素养发展[4]。

2. 题型变革：新增综合题以提升测试信度

如表 1 所示，2023 年奥赛的题型显著优化，在此之前全部为选择题，分为单选题和不定项选择题，2023 年后出现了综合题型。单选题作为传统的客观题型，虽然具有评分快速、公正的特点，但其考察内容的深度和广度相对有限，难以全面评估学生的真实能力。新增综合分析计算题后，考察方式更加多元化，能够更全面地评估学生的知识掌握程度、思维能力和问题解决能力，这也促使学生更加注重对知识点的深入理解和运用。改革后另一个明显优势是减少了学生通过猜测得分的可能性，使测试结果更加真实可靠，综合题也增加了试题的难度和区分度，使优秀学生得以更好地展示自己的才华和能力。

3. 思维提升：识记取向转向应用分析取向

依据修订版布卢姆的教育目标分类理论，从认知角度形成标准对地球科学五年决赛试题进行统计，分为识记、理解、应用、分析、评价和创造六个等级。本文参考刘双娜老师对地科奥赛试题思维结构的分析思路对 2018 年至 2024 年试题思维结构进行深入逐题分析并统计。

其中记忆和理解层级指向知识输入，应用和分析指向信息处理，而评价与创造指向价值输出。CESO 往届题型较为单一，选择题占绝对优势。这种题型设

表 4　基于布卢姆分类理论的决赛试题考察思维结构统计

能力层级	要求	2018	2019	2020	2021	2022	2023	2024
识记（A）	基于对学科基本事实、概念和原理记忆的直接考察	25	25	停办	20	30	0	0
理解（B）	在理解事实和原理的基础上进行简单推理	21	25		23	35	25	25
应用（C）	运用所学知识，将定律、原理代入具体真实试题情境得出结论并解决问题	62	30		48	38	22	15
分析（D）	根据问题及情境，通过推理，判断选取合适的原理进行分析，解决较复杂的问题。根据情境给出的条件进行较复杂的地理过程分析，进行复杂计算等	0	0		0	0	13	26
评价（E）	综合利用各种信息对事物本质进行评价性判断，考察批判性思维和语言表达能力	决赛卷中未明确涉及						2
创造（F）	运用所学的知识构思设计、组合、发明、绘制等，得出新的知识结果解决问题	决赛卷中未明确涉及						

计在检验学生对知识的记忆程度上有独特优势，但这类题型占比过高可能导致试题过分偏重于学生的记忆、理解以及简单应用能力，而忽视了对学生分析和评价等高阶思维能力的考察。

题型改革后，可以看出新出现的综合分析、计算题转变为对学生应用、分析能力的考察，要求学生根据给定的信息或情境，运用所学的知识进行推理、分析和判断。这类题型需要学生具备较高的思维能力和综合素质，能够独立思考、灵活运用所学知识。

三、基于试题构成要素看命题应然进路

试题分析构成四要素观将试题分为立意、情境、

设问和答案四个要素。其中，立意体现考试的目的；情境是立意的体现；设问是联结立意与情境的纽带，是实现立意的载体；答案是考试结果分析的重要参考依据，也是评价考生学业水平的重要参考依据[5]。

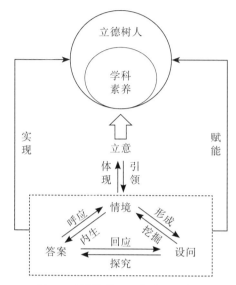

图 2　试题构成四要素关系示意图

从育人和学科本身出发的试题立意引领全部试题要素的构成，情境、设问和答案等要素需要以立意为基础体现一致性[6]。情境形成设问而内生答案，设问挖掘情境内涵而创造探究答案的条件，答案呼应情境设计并回应设问。以下试从命题四要素入手，分析以往试题的局限性并试图探寻 CESO 试题命制的应然方向。

1. 立意——进一步探索由"知识立意""能力立意"转向"素养立意"

试题立意是试题设计的蓝图和指导思想[7]。地球科学竞赛命题第一要落实"立德树人"的根本任务，着眼于学生的全面发展，任一考试如果背离了这个初衷就失去了其育人价值；第二则是需要落实到学科本身，这体现于学科本身的知识、能力和素养。知识立意追求知识深度和广度，能力立意强调知识与技能的结合，而素养立意强调对知识的迁移和应用，考察学生的思维能力和综合素养[8]。

在以往地球科学奥赛的命题中，理论试题部分选择题偏向强调"知识立意"，倾向于对地球科学知识的直接考察，强调检验学生对基本知识的掌握程度。新增的综合分析计算题弥补了"能力立意"不足，开始注重学生信息提取、综合分析、计算等能力。但由于地球科学学科本身高度综合化和专业化，尚未对核心素养形成共性认知，故命题中地球科学学科核心素养的体现尚不稳定。

CESO 命题朝向素养立意应该超越基础知识和基本技能的考察，考察内容是学科中最有用的知识、最关键的能力、最需要满足终身发展所必备的学科相关思维，体现学科育人价值和学科本质。

2. 构境——改变"学术 +"应用情境远超"个人 +"真实体验的现状

情境是立意的体现，设计时需要架起学生由已知通向未知的桥梁。新课标将地理问题情境划分为生活情境、生产情境以及学术情境，CESO 命题情境学术性较强，选取内容以学科前沿进展、研究技术手段等为主，如同位素分馏示踪等。学术情境本身的良好结构有利于学习者阅读、解题，可最大程度上减少命题者直接取材加工生产生活情境时造成的主观性的、科学性的错误，但学术情境中的新观点、新概念、新规则、新符号等陌生信息会导致学生对问题情境产生距离感[9]。情境创设过度追求知识的前沿性和创新性而相对缺乏学生真实体验相关的情境容易忽略个人在真实世界中的经验和感受。

"中学地理与现实生活紧密相连"的观念已被普遍接受，但地球科学与实际生活相联系的认识还亟待进步，尤其是在一些较为专业或前沿的领域，学生往往感到距离现实生活较远。新课标要求把具体任务尽可能放在真实、复杂性的现实情境之中，奥赛命题也可以此为据，尽力选取一些能够展现地球科学辅助理解并解释我们所居住的这个世界的各种现象和规律的情境。

3. 设问——提升题组内设问之间关联度和层次性

设问方式是影响试题质量和考察效果的关键因素，上联情境下接答案。2023、2024 年奥赛在题型上有更多尝试，但各小题之间缺乏关联性和阶梯性，呈现独立考察知识点的特点，学生只需针对每个问题单独作答，而无需考虑它们之间的相互影响或关系。这种设计可能导致考生在解答过程中难以建立起题与题之间的逻辑连接。研究证明，阶梯性的试题设计有助于学生的思维进阶，思维进阶是学生在学习和研究某一主题时遵循连贯的、逐渐深入的思维路径[10]。命题时每个阶段的问题都可以基于前一个阶段的知识点和理解层次，层层递进，逐步引导学生深入思考，这种设计有助于学生形成完整的知识体系和思维框架。

4. 拟答——建议提供评价的标准和思路

答案是根据立意、情境和设问来评价任务实施的依据。答案的设置需要兼顾量化与质性的结合，回应试题立意、情境选择的初衷，配合任务设计，以达成最终的评价目标[7]。

答案解析是帮助学生反思并深化理解、提升能力的重要环节。当前地球科学奥赛延续国际中学生地球科学奥赛（IESO）的传统未提供官方答案，也未能明确开放性试题的评分标准和依据。

《普通高中地理课程标准（2017 年版 2020 年修订）》要求学业水平考试命题要提供标准参照的，具有实质内容结果反馈。针对地球科学奥赛，也建议由赛事官方提供解题思路和评分依据，考生可以通过对比自己与官方答案，发现自己在知识点掌握、解题思路、答题技巧等方面的不足，从而有针对性地进行学习和提高。同时明确的评分依据能够确保比赛的公平性和公正性，促进试题设计的科学性和合理性，提高竞赛的质量和水平。强调答题思路也符合现代教育理念中注重学生学习过程、强调能力培养和评价的导向。

四、对 CESO 未来命题的思考

（一）内蕴学科理解

学科理解即学生作为学习主体，在已有认知经验基础上，以学科本体知识为对象，在融入生活世界的学科实践中对学科知识进行结构化的意义建构，在解决真实情境问题过程中发展学科核心素养[11]。戴文斌认为地理学科理解是关于地理学科核心内容本质性的认识，主要包括地理学科知识、地理学科方法、地理学科思想、地理学科观念以及地理学科性质五个方面。学科核心观念对本学科甚至跨学科具有强大的整合、发展和迁移的作用[12]。地球科学奥赛题目也应体现地球科学的核心观念与素养，以考察学生对本学科的学科理解。

关于地球科学素养的概念和内涵尚未有广为人接受的定义，比较受到认可的是北师大樊笑英等人的观点，他们认为地球科学素养是学生在地球科学知识、科学过程与方法、地球科学的社会意义理解方面达到的水准[13]。华东师大周维国等人则将地球科学素养确定为地学认知、地学思维、地学探究和地学态度四个方面[14]。

CESO 命题应该引导考生超越具体的学科知识探寻背后的价值，以素养引领命题，将系统观、地球演化的时空观等融入命题，培养学生对地球科学的学科理解。

（二）外改命题形式

1. 情境、设问、答案一体化提升以革新地球科学奥赛命题范式

地球科学奥赛命题情境选取上需体现命题立意，第一，可以选择前沿引领性的科研成果作为命题背景，展现学科最新动态，激发学生的探索精神；第二，情境可凸显社会需求，比如关联国家重大决策和面临的问题，让学生理解知识的社会价值与使命；第三，命题应贴近学生生活实践，使他们能够从自身经验出发，运用所学知识解决实际问题。

设问角度上追求设置有效的问题路径引领，通过构建逻辑清晰、层次分明的问题链，引导学生逐步深入思考，理解地球科学现象和问题的本质；问题链的层次性也能够照顾到不同水平学生的需求，让每个学生都能在竞赛中找到自己的定位和挑战。

同时建议提供官方的解题思路和答案以优化评价标准，确保公正客观，也为之后竞赛培养开辟道路。

2. 设置多样竞赛题型，全面考察学生地球科学知识和素养

建议进一步丰富题型设置，如填空题、综合分析题、通过野外实践完成的绘图以及基于地球科学的地理信息技术的上机操作实践题。增加其他题型能进一步减少结果误差，竞赛成绩目前能够作为部分高校独立选拔人才的参考依据，故考察角度应更加深入、全面。

3. 命题衔接高考地理，平衡竞赛在竞技和推广之间的作用

高考命题经多年发展和革新有自己的优越性，奥赛命题时可以适当参考高考地理的要求，确保奥赛试题与高考地理在命题结构和难度上具有一定的

衔接性，以便通过奥赛试题的引领和示范，促进高中地理学科的教学改革和课程优化。

　　在确保竞赛的竞技性和选拔性的同时，也需要注重竞赛的推广和普及作用。一方面，竞赛需要选拔出具有卓越才能和潜力的地球科学人才，为我国的地球科学事业培养后备力量，因此命题应该具有一定的挑战性；另一方面，竞赛也需要发挥推广作用，激发广大中学生对地理学科的兴趣和热情，因此也需要具有一定普及性。

五、结语

　　地球科学以整个地球为研究对象，地球既是历史演化的产物，同时又不断发展变化，向新的状态和方向走去，因此地球科学有其独特的学科特性。在新的历史条件下，地球科学也将出现新的发展，其将在不同的领域、针对不同的热点问题做出自己的贡献。在此基础上，地球科学奥赛也将迎来更多的关注，竞赛命题发展需要考虑地球科学学科的发展，同时考虑中学地理及其他学科教育的主张，共同成长，进入新的时代，也为中学地理教育和人才培养打开新局面。

参考文献：

［1］陈汉林，杨树锋.地球科学概论（第 3 版）［M］.杭州：浙江大学出版社，2020.

［2］马语晗，陈仕涛，陈雨杉.OBE 理念下指向人地协调观培养的研学活动设计——以"南京汤山矿坑公园研学"为例［J］.中学地理教学参考，2023（4）：78-80.

［3］钟志贤.促进学习者高阶思维发展的教学设计假设［J］.电化教育研究，2004（12）：21-28.

［4］顾松明，夏志芳.高考地理江苏卷与全国卷比析及命题启示［J］.地理教学，2018（13）：50-51，15.

［5］翟军.例谈基于试题构成要素的地理解题策略［J］.地理教育，2021（9）：33-36.

［6］尹玏，杨伟东.体现各要素一致性的试题命制技术［J］.中学政治教学参考，2023（34）：70-73.

［7］高同利.初中地理情境化试题的构成要素及内涵解析［J］.地理教育，2023（2）：31-36.

［8］刘龙华，何诗妍.基于高考评价体系的高考地理试题分析——以 2022 年高考全国文综乙卷第 36 题为例［J］.中学地理教学参考，2023（11）：64-66.

［9］邱鸿亮，张争胜.从问题到试题：命题科学化的原则和路径——以 2021 年高考广东卷地理试题为例［J］.地理教学，2022（10）：60-64.

［10］董友军，朱建山.基于"学习进阶"的试题分析与教学策略——以 2022 年高考物理广东卷实验试题为例［J］.物理教学，2023，45（2）：68-72.

［11］许锋华，胡先锦.学生学科理解：内涵意蕴、困境审思及发展理路［J］.教育科学研究，2023（11）：60-68.

［12］戴文斌.指向学科本质的地理学科理解：内涵、价值与路径［J］.地理教学，2021（5）：15-19.

［13］樊笑英.地球科学教育：国际视野下的课程内容体系建构［M］.北京：北京师范大学出版社，2011.

［14］周维国.中学生地球科学素养测评研究［D］.上海：华东师范大学，2020.

　　重点课题：2024 年度江苏省教育科学"十四五"规划课题"普通高中地球科学拔尖创新人才早期培养路径研究"（B-b/2024/03/06）研究成果。

全国中学生地球科学奥林匹克竞赛野外考察部分备赛经验谈

——以"灵山岛地质公园考察活动"为例

傅士旭[*1]，李思然[2]

（1. 华东师范大学地理科学学院，上海 200241；2. 山东省莘县第一中学，山东 聊城 252400）

摘　要： 本文通过一次立足于全国中学生地球科学奥林匹克竞赛（以下简称"地球科学奥赛"）的地球科学野外考察活动的开展和总结，介绍野外考察的重要性、野外考察的开发过程、活动案例的设计与评价，为各地参加地球科学奥赛的师生提供经验借鉴，提高中学师生备考地球科学奥赛的水平和能力。

关键词： 地球科学奥赛；地球科学；野外考察；灵山岛

近年来，地球科学奥赛成为广大中学师生广泛参与的地理学科类热门竞赛活动[1]，地球科学逐渐走进中学师生的视野，甚至掀起了"中学地理课改名地球科学课"的讨论。[2] 地球科学与地理是密不可分的，两者在学科内容方面有一定的重合。地球科学所注重的野外实践能力和方法，与高中地理新课标要求的地理实践力，本质上是一致的。[3] 在中学地理教学中组织开展地球科学奥赛学习是对现有地理课程的有益补充和拓展。地球科学的科普教育部分学校虽有探索，但尚未形成体系，较为成功的实践仍局限于大学或少数中学强校，大多数中学师生缺乏有关地球科学奥赛如何准备的"顶层设计"，尤其是在地球科学奥赛的野外考察备考方面更为薄弱。[1] 因此，笔者通过一次中学地球科学野外考察活动的开展和总结，为全国各地有志于参加地球科学奥赛的师生提供借鉴，亦可为中学教师开展研学实践提供思路。

一、地球科学野外考察必要性分析

实践和野外技能是地球科学的重要组成部分，也是国内和国际地球科学奥林匹克竞赛重要的组成部分。地球科学奥赛的考试大纲中要求，作为地质学部分需要着重掌握的内容主要有两个方面：一是室内常见矿物和岩石标本的辨认和读图能力，二是野外的基本技能考核。

周维国博士在研究中学地理核心素养的基础上，提出中学地球科学核心素养：地学认知、地学思维、地学探究和地学态度，其中地学探究对应于《普通高中地理课程标准（2017 年版 2020 年修订）》所倡导的四大核心素养之一——地理实践力。[3] 地理实践力是指学生在考察、实验和调查等地理实践活动中具备的意志品质和行动能力，[4] 其与地球科学奥赛的野外考察所要求素养和中学地球科学核心素养是一致的，表明围绕地球科学奥赛开展的野外考察也能作为高中地理教学的有益补充。

笔者亲历地球科学奥赛自 2018 年至 2024 年的全部发展历程，2018—2024 年 6 届国内预决赛共进行 5 次野外考察（表 1）。历届地球科学奥赛野外考察均是以地质学为主，涉及岩矿鉴定、构造现象识别、地层辨认、地质演化历史分析等。针对考试大纲和历年

---

*2019 年国际地球科学奥林匹克竞赛选拔赛决赛金奖。

野外考察试题的分析，笔者将地球科学奥赛要求的能力概括为以下四个方面：① 肉眼鉴定岩石矿物，包括岩石的矿物成分、类型、命名、颜色、结构、构造、成岩环境等；② 岩石的成因判断，包括岩浆作用、变质作用及成岩作用等；③ 构造发育特点，包括同沉积构造、地质构造（褶皱、断裂）等；④ 区域地质演化历史，包括地球的演化历史、标准化石、地质年代学等。

表 1　全国中学生地球科学奥赛野外考察地点、内容及题目归纳

年份	地点	野外考察内容			
		肉眼鉴定岩石矿物	岩石的成因判断	构造发育特点	区域地质演化历史
2018	北京西山虎峪	2、8、9、11、12、13、14、18、27	4、5、6、7、21、22、23、24、25	10、16、17、19	1、3、15、26、28、29、30
2019	无野外考察				
2020	因疫情取消				
2021	浙江杭州宝寿山	9、14、15、25、29	10、11、12、16、20、21、22、23、24、26、27	2、3、13、17、18、28、30	1、4、5、6、7、8、19
2022	湖北武汉周边	1、5、13	3、8、17	2、4、6、9、10、11、12、14、16	7、16、18、19、20
2023	江苏南京汤山	1、13、16	6、12、14	2、4、5、9、10、11、15、19	3、7、8、17、18、20
2024	吉林长春新立城水库	1、2、3、4、11、12、13	9、14	5、6、10	7、8、15

根据历年考察题目可知，地球科学奥赛主要从岩石类别与成因、简单的构造判断、成岩环境与变迁等方面进行考查，对参赛选手的地球科学野外考察能力和素养要求较高，一定程度上超出了高中地理实践活动内容的范畴，但仍与高中课程内容有较高的关联度。根据前人的统计调查[5]，高中生普遍对地理实践活动具有很高的兴趣，但地理实践力水平（包括活动设计、考察研究方法及实践等方面）较差，难以较好地完成地理实践活动和地球科学奥赛野外考查。因此，针对有志于参加地球科学奥赛的学生，学校和教师应设计、开展更加符合地球科学奥赛考察要求的地球科学考察活动。本文以山东灵山岛地质公园为考察地点，从前期准备、案例设计与活动评价三个角度，分享立足于地球科学奥赛的野外考察活动的开发设计经验，为践行地学探究与地理实践力提供借鉴意义。

二、地球科学野外考察活动准备

地球科学野外考察的准备工作是一项具有挑战性的任务，部分学校选择将其外包给大学教授。由于大学缺乏对地球科学奥赛的深入了解，往往将专业课的野外考察路线和内容照搬过来。这样的野外考察活动，与地球科学奥赛考查内容虽有交叉，但在广度和深度上，并不能够很好地适合中学生们参加地球科学奥赛的学习需求，因此开发一条适合自己中学的野外实践路线很有必要。理想的地球科学野外考察应由中学教师发起并组织实施，因为中学教师对本校学生学情较为了解，能够系统开发适合中学生的考察方案。[6]野外考察活动方案开发的核心任务有两个方面：一是确定考察点位和路线，二是编写考察手册。

（一）确定考察点位、路线

地球科学野外考察的核心是考察点位，确定好考察地点是首要前提。在一条有限的考察路线上，尽可能地串联起多个点位，由点连线，以点带面，从而完成对区域地质演化的认识。考察点位的选取，可以依据大学或科研院所已有的路线，也可以是中学教师实地踏勘而总结出的。中学教师组织野外考察活动，既要顺利达到考察的目的，又要保证学生的安全。因此考察地点应选择通达性强且开发成熟、基础设施较为完善的地方，既要满足自然现象独特、典型这一条件，又要有一定水平的基础设施，其中当地的地质公园（或国家公园）是比较好的选择。地质公园通常是某一种或多种地质典型现象（地质遗迹）的保护区，前人围绕其已设计出形式多样的考察资源，甚至有完善的讲解牌等。[7]

教师可以通过网络资源查找相关信息。例如，搜索"地区＋地质公园（或自然保护区等关键词）"筛选确定基本地点。同时辅助搜索"地区＋地质现象（如背斜、断层、化石等关键词）"，以"地点＋现象"的方法进行检索，初步确定考察点位和考察内容。此外，还应结合区域地质图（网络上已公开的地质图包括1:20万、1:25万区域地质图，均可从地质科学数据出版系统官网下载，http://dcc.ngac.org.cn/）进行考察点位修订。

确定点位的同时要设计考察路线，在查阅地质图的基础上，可以借助谷歌地球等软件进行路线选择，并利用两步路户外助手APP进行辅助修订。可以借助谷歌地球中的3D模式对考察点位有一个初步了解，并结合两步路户外助手APP的等高线图进行路线规划。要尽可能规划地势起伏小、线路路程短的路线，既可以减少时间、体力消耗，也可以在保证考察效果的同时尽最大可能保证活动的安全。最重要的是，教师通过网络资源初步选取的考察点位和考察路线，一定需要实地踏勘之后，才能最终带领学生实施野外考察。

笔者的学生在山东省，综合以上考虑，选定山东灵山岛地质公园作为地球科学野外考察的实践地点。灵山岛地质现象较为丰富（详见表2），且当地地质旅游景观开发较为完善，交通便利，方便师生前往。灵山岛地质现象主要集中在岛屿海岸线附近，沿灵山岛海岸线有较为完善的公路，故将线路规划为：背来石剖面—老虎嘴剖面—灯塔剖面—千层崖剖面—船厂剖面（见图1）。

表2 灵山岛地质公园可供地球科学野外考察的地质现象一览

地点	野外考察内容			
	岩石矿物	外力作用现象	构造发育	地质演化历史
背来石剖面	砂岩、火山岩、辉绿岩	海蚀作用、鲍马序列、盐风化、差异风化和差异侵蚀	褶皱、不整合接触判断	外力作用顺序分析
老虎嘴剖面	流纹岩（多期）	风化作用、人为地质作用	火成岩柱状节理、火成岩原生构造	火成岩发育顺序
千层崖剖面	砂岩、泥岩互层	海蚀地貌、砾岩海滩、生物风化	层面构造、节理、断层、褶皱（膝折）及产状分析、劈理、同沉积构造	
灯塔剖面	砂岩、泥岩互层	海蚀地貌、砾岩海滩、鲍马序列、生物风化	层面构造、同沉积构造	同沉积构造发育顺序
船厂剖面	砂岩、泥岩互层	海蚀地貌、砾岩海滩、软沉积变形、生物风化	层面构造、节理、褶皱（滑塌褶皱）、同沉积构造	

图1 灵山岛地球科学野外考察路线

（二）编写考察手册

考察手册作为考察活动非常重要的资料，不仅可以充当野外地质现象判断的参考依据，同时也可以明确考察任务，并成为野外实践的评价依据。考察手册的编写以点位为核心，以任务为载体，力求指向明确。通常要从区域地质概况、地质野外工作方法与基本技能、考察路线（点位）、考察任务、参考资料等方面展开。中学教师应广泛地查阅地质资料及最新的科研论文，对考察点位做进一步的研究，从而明确具体的考察任务。教师可以利用现有的出版物，结合本校师生的实际情况，尽可能编写出有本校特色的考察手册。

笔者此前带领学生所考察的灵山岛因发现深海滑塌褶皱而知名，[8]周边大学和中学也进行过多次野外考察活动，但未有相关地质野外考察手册出版。因此，笔者前期通过查阅大量灵山岛地质资料及最新的科研论文，设计考察路线和考察内容要求，编写出灵山岛地质考察手册，使之成为学生活动、学生评价的依据。

三、地球科学野外考察活动案例

灵山岛坐落于山东省青岛市东南黄海之中，岛形狭长，南北长约 5 km，东西长约 1.5 km，面积约 7.2 km²，最高峰海拔 513.6 m，是中国北方的第一高岛。灵山岛大地构造位于秦岭—大别—苏鲁造山带，是华北板块与扬子板块的结合部位，地质条件复杂。大约在白垩纪早期的 1.2 亿年前，灵山岛附近曾是一片残余的海洋，将中国南方的扬子古大陆与北方的华北古大陆隔开，后来南北两块大陆挤压碰撞，海盆消失，形成了著名的苏鲁造山带。海底的部分浊积岩石褶皱变形并被带到造山带中，就是今天看到的灵山岛

下部沉积岩。其后，又因强烈的火山活动，大量的熔岩流和火山碎屑岩，覆盖在变形的沉积岩之上，构成了今天灵山岛的上部主体。晚白垩世以来，苏鲁造山带遭受了强烈的构造变形和剥蚀作用而被削低，灵山岛与崂山、大珠山、小珠山等海岸诸山一起有幸残存下来，承载着华北东部地质演化史的重要信息。[9]

灵山岛的地质资源十分丰富，在 5 km 长的西侧海岸线上，学生们可以观察到火山作用、海洋地质作用、风化作用、重力作用、沉积作用、软沉积物变形作用、褶皱和断裂等多种地质现象。这一条考察路线几乎涵盖了地球科学奥赛考试大纲所要求的全部内容。因此，笔者将此次地球科学野外考察活动的内容结合地球科学奥赛考试大纲要求，制作成更具操作性的活动设计表格（表 3）。

表 3　灵山岛地球科学野外考察活动设计

考察地点	考察内容	学生活动	教师活动	考纲内容
背来石剖面	观察火成岩的分布	辨认火山角砾岩、火山弹、气孔构造、火山岩成层分布	引导学生辨认火成岩并思考火山喷发和浊流沉积的关系	火山作用、常见火山岩的识别；肉眼鉴定岩石的基本方法；常见岩石的辨认；沉积岩、岩浆岩、变质岩；海洋的地质作用；风化作用、重力作用；构造发育特点及区域的地质演化历史
	观察浊流沉积的特征	辨认鲍马序列，识别 A、B、C 层	引导学生思考地层的形成过程	
	分析盐风化的过程	辨认蜂窝石构造，思考蜂窝石的形成过程	引导学生对比内陆和沿海的盐风化异同，对比砂岩和火山角砾岩的风化差异	
	探究背来石的成因	观察背来石和周围岩石的岩性特征，给出背来石成因解释	总结背来石的成因及地质演化历史	
老虎嘴剖面	观察老虎嘴的岩石特征	放飞无人机，观察老虎嘴岩石的颜色、构造等特征	引导学生对比老虎嘴和背来石的岩性差异，分析老虎嘴岩石成因	火山作用；肉眼鉴定岩石的基本方法；常见岩石的辨认；风化作用
	采集老虎嘴的流纹岩样本	采集流纹岩样本并作手标本鉴定	提问学生手标本鉴定的描述内容	
	分析盘山公路建设的地质要求，思考公路废弃的原因	回答盘山公路建设的一般地质要求，猜测公路废弃的原因	总结学生的回答，指出这里公路废弃是上层流纹岩柱状节理的风化垮塌	
灯塔—千层崖剖面	观察褶皱和断层	使用地质罗盘测量褶皱和断层的产状，判读褶皱和断层的类型	演示地质罗盘的使用	褶皱的判别；断层的判别；节理的判别；海洋的地质作用
	观察软沉积物变形	辨认鲍马序列、火焰构造、负载构造、布丁构造（石香肠构造）、球状构造等变形构造	引导学生辨认变形构造，讲解变形构造的成因和特征	
	探究灯塔—千层崖剖面的发育过程	结合岩性、构造和地质构造，描述当地的地质演化过程	总结学生的描述，讲解灯塔—千层崖剖面的发育过程	
船厂褶皱剖面	观察软沉积物变形	辨认鲍马序列、火焰构造、负载构造、布丁构造（石香肠构造）、球状构造等变形构造	引导学生对比船厂和灯塔—千层崖剖面的软沉积物变形发育情况异同	褶皱的判别；断层的判别；节理的判别；海洋的地质作用；构造发育特点及区域的地质演化历史
	观察并测量船厂褶皱产状	使用地质罗盘测量褶皱的产状，判读褶皱的类型	演示地质罗盘的使用	
	分析船厂褶皱的发育过程	结合岩性、构造和褶皱产状，描述船厂褶皱的地质演化过程	总结船厂褶皱的发育过程及整个灵山岛的地质演化情况	

评价是完成野外考察后的重要工作，教师可通过评价判断学生野外考察的成果，及时获得反馈信息，以便对方案进行补充和完善。笔者结合过程性评价和结果性评价，从个人探究和小组合作两个过程，针对

具体的考察内容和过程，设计灵山岛地球科学野外考察活动实施评价方案。活动评价表和评价细则如下（表 4、表 5）。

表 4　灵山岛地球科学野外考察活动评价表

评价类型	评价环节		自我评价	教师评价	评价等级（优秀、良好、一般）与评语
过程性评价	探究活动	岩石鉴定			
		地质罗盘的操作			
		岩石样本采集			
		地质素描图绘制			
		地质露头点记录			
结果性评价	考察成果	地质考察报告			
		小组汇报演讲			

表 5　灵山岛地球科学野外考察活动评价细则

评价类型	评价环节		评价标准		
			优秀	良好	一般
过程性评价	探究活动（检查方式：野外地质记录簿审查）	岩石鉴定（主要是火成岩、沉积岩）	准确判断岩石的特征（包括颜色、结构、构造、矿物组成、成岩环境等）	判断出岩石的基本特征（包括颜色、结构、构造、矿物组成、成岩环境等），基本正确但不完善	基本判断出岩石特征（包括颜色、结构、构造、矿物组成、成岩环境等），但不准确
		地质罗盘的操作	学生测得产状与教师基本一致（误差不超过 10%）且完成速度较快	学生测得产状与教师基本一致（误差不超过 20%），完成速度较慢	学生测得产状与教师差距较大
		岩石样本采集（主要是火成岩、沉积岩）	采样典型，形状规则，规格适宜，有新鲜面可供参考	采样较为典型，形状较规则，规格适宜	采样不典型，不具备研究价值
		地质素描图绘制（绘制老虎嘴、千层崖、船厂剖面）	绘制美观、合理，标注准确、规范，绘图较多	完成绘制，标注规范	未完成绘制（绘制较少），标注不完善、不规范
		地质露头点记录	记录完善、规范，有新发现	记录完善、规范，基本无错误	记录不完善，有较多错误
结果性评价	考察成果（检查方式：书面资料＋口头汇报）	地质考察报告	撰写认真、全面，具备批判性思维，能够提出自己的观点并加以证明，无抄袭痕迹	撰写认真、全面，分析客观	撰写不全面，有大面积抄袭痕迹（或嫌疑），错误较多
		小组汇报演讲	担任汇报人或小组准备过程中贡献较多，能提出建设性观点	小组准备过程中做出应有贡献	小组准备过程中贡献较少，造成负面影响

四、结语

地球科学奥赛是中学地理教学的有益补充，其野外考察部分和中学地理核心素养中的地理实践力本质上是一致的。中学阶段学生了解和学习地球科学，积极参与地球科学奥赛，不仅能够提升自身地球科学素养，而且有利于课内地理学业水平的提高。地球科学野外考察是培养中学生地球科学素养和提升地球科学奥赛备赛水平的重要组成部分。野外考察活动的准备和开展是一项不小的挑战，中学教师需要在考察内容、组织能力、考察资源等方面取得一个最优解，这对中学教师收集相关资料、开发设计野外考察线路等方面的能力提出了较高的要求。准备过程中需要在考察路线、点位上做足功夫，力求知识性与安全性的统一，成形的考察手册和评价方案对考察活动的作用不言而喻。

挑战与机遇并存。新时代研究型教师具有敢于探索、刻苦钻研、积极实践的优良品质。相信中学教师可以调动主观能动性和一切可利用的资源，开发出适合教学的野外实践活动，为国家培养出一批兴趣浓厚、实践力突出的地球科学拔尖创新型人才，助力实现地球科学教育方面的中国式现代化。

参考文献：

[1] 张兴卫, 傅士旭, 张晓剑. 地球科学奥林匹克竞赛价值探索与推行路径研究[J]. 中学地理教学参考, 2024(1): 21-23.

[2] 王建, 张昊, 邬愉婷, 等. 中学地理课不宜改为地球科学课[J]. 地理学报, 2023, 78(12): 3161-3171.

[3] 周维国. 中学生地球科学素养测评研究[D]. 上海: 华东师范大学, 2020.

［4］中华人民共和国教育部 . 普通高中地理课程标准（ 2017 年版 2020 年修订)［M］. 北京：人民教育出版社，2020.

［5］基础教育课程与教材专家委员会地理学科组 . "地球科学基础" 纳入中学地理课程可行性论证报告［R］. 2013：5.

［6］刘业祥 . 中学地理教师开发地质考察方案的方法与实践［J］. 地理教学，2024(10)：61-64.

［7］赵逊，赵汀 . 中国地质公园地质背景浅析和世界地质公园建设［J］. 地质通报，2003(8)：620-630.

［8］吕洪波，王俊，张海春 . 山东灵山岛晚中生代滑塌沉积层的发现及区域构造意义初探［J］. 地质学报，2011，85(6)：938-946.

［9］周腾飞，周瑶琪，Nina SØAGER，等 . 苏鲁造山带中部晚中生代裂谷作用与深部动力机制——来自灵山岛的记录［J］. 中国科学：地球科学，2022，52(10)：2002-2022.

基于学科关键能力的高中地理学术情境试题命制

廖书庆

（江苏省苏州第十中学，江苏 苏州　215006）

摘　要： 新高考背景下，高考试题在命题内容上注重创设真实情境考查学生的核心素养，在选材情境上注重学术情境的加入，在考查的目的上注重地理学科关键能力的培养。在基于学科关键能力的高中地理学术情境试题命制过程中要拓宽素材来源，注重问题情境的真实性，贴近学生生活实际。在试题情境的创设过程中本着由浅入深、循序渐进的原则，运用"以图带文"的思维方式，可有效地考查学生的关键能力，不断提升学生的地理核心素养。

关键词： 关键能力；学术情境；试题命制

随着新一轮高考改革不断推进，其对地理教学导向作用日益突显，对普通高中教育改革也具有指导作用。为深化本轮高考内容改革，新一轮高考改革也紧密围绕着立德树人、服务选材、引导教学等三方面逐步展开。可以看到，在高考评价体系和《普通高中地理课程标准（2017 年版 2020 年修订）》（以下简称为"课程标准"）的框架下，全国各省、各地区的地理学科高考命题理念和方式也随之呈现出新的走向。特别是新高考背景下，高考试题在命题内容上注重创设真实情境考查学生的核心素养，在选材情境上注重学术性情境的加入，在考查的目的上注重地理学科关键能力的培养，促进了广大一线高中地理教师为适应新高考命题形式的变化，不断提升基于高中地理关键能力具有学术情境试题命制能力。

地理学科核心素养的培养需要重视学生地理学习过程中的关键能力的提升。学术情境是真实的科学研究材料为试题背景，以学术研究的形式呈现试题相关信息，是不良结构的地理问题情境，此类试题素材多借助学术期刊中的科研文献来构建试题情境，具有真实性、科学性的特点，据此设计的试题地理情境不仅有利于考查学生的地理学科思维，提高学生的地理学术探究能力，还可引导师生共同关注地理思维与地理研究，关注命题能力提高对地理课堂教学效率的促进

作用，为培养学生学科素养提供能体现地理学科关键能力的测试题。为更好适应新高考改革，在课程标准的框架下，笔者在高中教学实践中进行了基于学科关键能力的地理学术情境试题命制尝试和实践，以提高命题对课堂教学的促进和提高，不断适应地理教育评价的变革。

一、学术情境试题命制对高中地理学科关键能力的培养的影响

地理学科关键能力是指学生在面对与地理学科相关的生活实践或学习探究问题情境时，能有效地认识问题、分析问题、解决问题所必须具备的能力，是提升地理学科素养所必备的基础。高中地理课程标准依据地理学科核心素养中的人地协调观、综合思维、区域认知、地理实践力等四个维度，结合高中地理必修课程和选择性必修课程的重点、难点内容、重要概念和学生在学习相应课程后所应该达到的核心素养水平描述，学业质量水平标准分为四个等级，四个等级呈现由低到高的逐渐递进关系，水平等级四是高考学业水平等级性考试的命题依据。从每一个等级的要求中我们可以提炼出高中地理学科的关键能力：提取和辨识地理信息的能力；分析和运用地理知识的能力；描述和解释地理事物的能力；论证和评价地理事象的能力；组织和表达探究结果的能力。

这四个等级对高中地理学习关键能力提出了不同的要求，这就要求老师在命制地理试题时，应关注具有学术情境的地理试题的设计方式和难度，关注地理试题的学术素材选择和来源。因为此类试题具有真实的问题情境、较高的思维梯度和学科关键能力的运用场景，可以较好地达成对学生学科关键能力测评的目的。而要命制达此目的地理学术情境试题，并在不同学业水平层级要求的运用场景中能适切于高中不同学习阶段的地理教学，老师必须厘清地理学术情境试题的特质，明确在命制过程中如何运用学术情境素材，使学术情境试题能符合各等级的测试要求，并以此指导一线地理教学与考试。

二、在基于学科关键能力的地理试题命制过程中如何运用学术情境

高中地理课程标准指出，学业质量是学生在完成本学科课程学习后的学业成绩，是以地理核心素养及其表现水平应该达到的不同维度等级。而要达此目标，就要重视学科关键能力的培养和考查，并发挥测试评价对学生的学习与发展的促进作用。基于学术情境指向的地理试题在内容上科学合理、题型上新颖规范，选材上准确广泛，这使地理试题对考查学生学科关键能力具有非常好的适配作用，题型的变化也不会影响学生实际水平的发挥。课程标准还对考查的试题情境提出了要求，指出"在各类试题情境中，应包括地理与生产联系的情境以及地理学术情境"。地理测试题取材于学术期刊，其来源可信度高，可避免老师在选择命题材料时可能出现的科学性错误，也利于结合新颖的学术问题情境进行学科关键能力测评。

（一）在学术情境的选取上拓宽素材来源，注重问题情境的真实性

学术情境试题之所以在目前的高考中占有较高比重，其价值和优势在于能够考查学生建构知识并加以应用的能力，可以更好考查学生的学科关键能力，并籍此培养高中生的学术意识和学术精神。学术情境试题应具有复杂、开放、新颖、真实问题情境的创设，要拓宽素材来源渠道，让命题老师可以从更广泛学术化的文章、报告、实验、考察素材中选试题材料。比如引用论文中的图像、数据、研究结论、观察记录等。

基于学科关键能力的地理试题命制过程需要创设真实的学科情境，试题学术情境的来源中的"不良结构情境"必须具有如下特征：第一，地理情境必须来源于真实且科学的地理素材和研究成果。创设情境时要根据学生已有的认识水平与学业水平测评层级要求，应展示出让学生能研究和解决问题必要的信息来源，而不应将原有科学真实问题过度改编为理想化的"虚假问题"。第二，源于具有真实性学术素材表呈现不可晦涩难懂，展示问题时缺失可供逻辑推理信息链条，设问偏离原有科学合理的问题解决过程，背离地理学科基本逻辑。第三，出现新概念、新观点时应具有"可学性强"的特点，因为学生在考试时间内不太可能建构复杂的学术体系，不可能厘清复杂的学术内容。

综合近几年来的各省高考试卷的素材来源，教师可以适当关注《地理学报》《地理研究》《地理科学》《经济地理》《人文地理》等重点刊物，从刊物中选择部分命制试题"时效性高"和"可用性强"的论文，即论文内容与中学地理教学联系较为密切的文章，尝试对论文中能够读懂的部分进行阅读与分析，为进一步将这些内容转化成与高中地理教学相关的试题素材进行不断的探索。

（二）在学术情境的加工上关注素材的"鲜活度"，淡化"专业"痕迹

随着越来越多的省份进入新高考阶段，试题的背景素材来源于学术论文的情况也越来越多。总体而言，学术情境素材的加工的基本策略就是围绕学业水平分级测评目标，保持学术情境、信息、设问之间的协调一致，从而保证试题有较高的"可信度"和"有效度"。根据学术情境试题的特点和功能，需要遵循以下策略，第一，创设隐含问题、适度复杂、淡化学科"专业"痕迹。要精心挑选和审核素材，近两年高考具有学术背景的地理试题中素材来源往往是较新的，距当年高考较近一段时间发表的论文或报告，这就提示我们选择学术论文素材时，须重点关注论文的"时效性"，要确保"鲜活度"。第二，需要根据课程标准的等级要求和学生水平，对学术素材做适当加工。在加工所选取的学术资料时，需要"去难、保真、删繁"，即去除学术资料中难度高的专业内容，保留学术资料中对研究过程的核心内容和概念，删除

学术资料复杂的专业数据和图表，试题呈现时应淡化学术资料专业强的内容。第三，选择学术资料时要有利于情境加工展开，要给问题设计提供图文线索和逻辑思维链条，能够将地理问题的解题信息蕴含其中。最后，要恰当渗透情境的积极向上人文情怀和正确的价值观，强调与时俱进、创新务实的科学精神，引导考生运用创新性的思维方式应对问题情境，促进学科关键能力的提升。

例1 阅读材料，回答下列问题。（笔者所在学校教研组原创试题，用于大市高三模拟考试）

材料一 冰川为人类活动提供必不可少的资源与服务，具有重要的生态服务价值。为了系统、全面了解我国冰川资源状况，我国科研人员进行了两次冰川编目，时间范围分别为 1970—1980 年、2008—2016 年（均在 7—9 月）。数据统计显示，中国天山 3 600 m 以下冰川面积缩减量占总变化的 52.8%，而高程 5 200 m 以上冰川面积增加了 8.95%。

材料二 图 1 为"中国天山不同朝向冰川面积分布"；图 2 为"中国天山冰川各类生态服务价值百分比"。

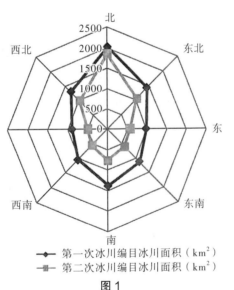

图 1

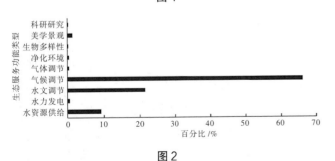

图 2

（1）读图 1，说明两次编目中天山南北坡冰川面积变化差异及原因。

（2）在全球气候变暖的背景下，推测高海拔冰川面积增加的原因。

（3）读图 2，天山生态服务价值中，气候调节作用价值最高。指出该作用的具体表现，并分析其具体过程。

参考答案：（1）差异：南坡面积减少幅度大，北坡面积变化较小。

原因：北坡为阴坡，气温较南坡低；来自大西洋和北冰洋水汽，在北坡形成迎风坡，降水量多于南坡。南坡为阳坡，全球气候变暖，冰川融化速度快于北坡。

（2）全球气候变暖，西北地区降水增多，有利于冰川的积累；高海拔地区以固态降水为主，地表反射率增加，抑制冰川消融。

（3）表现：抑制气候变暖（调节周边地区大气温度，缓解温室效应）。

过程：冰川反射太阳辐射，减少地面辐射；冰川消融吸收热量，降低气温，缓解气候变暖；冰川融水，蒸发量加大，增加了大气湿度。

本题是以发表于 2018 年 5 月《地理学报》中《中国天山冰川生态服务功能及价值评估》一文作为基础改编的一道学术情境试题。以天山冰川的分布、变化及影响为载体，创设图文结合的地理学术情境。根据由发现问题到探究问题再到得出结论的学术研究过程，递进式地设计三个问题，要求学生调用水资源、气候、生态等必备知识，通过解读复杂的图文情境所反映的地理素养表现，考查学生具有的地理学科关键能力，并展示对学术材料的阅读理解、推理演绎与精确表达等学术能力以及面对学术情境试题地理高阶思维的测评要求。

试题通过材料介绍了两次冰川编目中天山南北坡冰川面积变化，在创设学术情境时，保留并通过原文中的两幅图表来考查学生读图、析图能力，舍弃了冰川学等专业性强的内容和图表，补充了解决天山冰川专业问题所必需的支撑信息，以此考查学生解读学术资料图文材料以提取获得有效信息的学科关键能力。同时，本题设计的解题思路渗透了地理科学研究的基本思想，即学生在图上读出"气候调节作用价值最高"这一现象时，还要深入思考该作用的具体表现，深入探讨冰川的生态价值，从地理学科研究范式出发，试题材料淡化专业学术用语，语言表达常规化，要求学生从地理的空间和区域视角认识和处理地理现象及问题，并在此基础上分析其具体过程。

当然，在命制地理学术情境试题时还要注重答案的编制，力求做到准确、完整、全面、合理，因为答案可直接影响该试题的质量，同时也对学生做题的"收益"产生直接影响。因此命题者在编制答案时，应根据学术情境的材料信息、结合中学教材知识点以及学生的知识储备和认知逻辑，给出语言简洁、条理清晰、内容全面的答案，只有这样才能够体现出对学生获取和解读地理信息、调动和运用地理知识能力，组织和表达探究结果能力的考查。

（三）在学术情境的表达上隐含内在的学科逻辑，贴近学生生活实际

在地理学科关键能力框架下，选取学生"可预见"和"可想象"的、隐含内在学科逻辑的生活实践经验、地理实验、观察报告等素材，加工后形成试题情境合理呈现，根据不同等级地理考查目标和试题来源学术资料的具体情境设置问题，然后进行地理学术情境难度评估、学生答题准确性预测、图文内容结构组合重构，形成正式地理测试试题。就全国目前各地方性高考试题中出现的地理学术情境试题，其中有一些是偏离命题意图、脱离学生实际的认知水平，甚至出现"玄学试题"，使用"难、怪、偏、繁"学术情境的试题，具体表现为情境材料的来源"非常偏"，内在的学科逻辑"非常态"，试题素材选取"极少见"的地理事象，让学生看后不明就里，一头雾水。作为优质的地理学术情境试题，首先要在关注命题的准确性与适切性、命题的角度和方向上要有一定的创新，其次是在情境创设、问题设计、展开方式与解题思路等方面对教学具有指导意义。

例 2　博物馆的光环境要兼顾藏品保护和展陈效果，天然光提供采光的同时，直接照射也可能对展品造成损害。图 3 为"中国国家博物馆（北京）西大厅南区某时刻日影模拟图"，正西侧立面是玻璃幕墙，除周一外，每日开放时间为 9∶00—17∶00。（笔者所在学校教研组原创试题，用于大市高三模拟考试）

（1）图 3 对应的节气和时间可能是　　（　　）

A. 春分 15∶30　　　　　B. 夏至 18∶30

C. 秋分 8∶30　　　　　 D. 冬至 9∶30

（2）天气晴朗的夏至日，展品最适宜放置的位置是　　　　　　　　　　　　　　（　　）

A. 1 号墙和 2 号墙　　　B. 2 号墙和 4 号墙

C. 3 号墙和 6 号墙　　　D. 5 号墙和 6 号墙

参考答案：（1）A，（2）C。

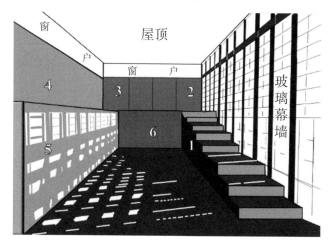

图 3

本题是以《中国国家博物馆文物保护修复报告集》中的《中国国家博物馆西大厅日光直射区域光环境模拟研究》一文用为试题命制的学术来源，以"博物馆的光环境要兼顾天然光提供采光的同时，直接照射也可能对展品造成损害"为试题的学术情境，从空间分布和时间变化等两个维度对地理事物的变化进行考查，锻炼学生的区域认知与综合思维能力。

在试题的命制过程中，首先是整合模拟研究报告内容，创设地理试题情境。选定了试题的背景素材后，发现这一观察研究成果非常贴近学生生活实际，与地理课堂教学联系紧密，通过结合该研究成果，提取了该论文中的"中国国家博物馆（北京）西大厅南区某时刻日影模拟图"，并加以改编，创设出"以图联文，图文结合"的试题表达方式，对相关论文的研究图表进行重新绘制和简化，形成了最终的学生易于进行"图文联系"的地理学术情境，为学生在探究光照时间和空间变化，建构和解决地理实际问题时提供必备的信息支撑，提高学生描述和解释地理事物的地理关键能力。其次，依托创设的地理学术情境，确定试题题型。结合课程标准中

"结合实例来研究地球运动的现象"这一要求，确定了本题的题型为选择题。根据学生认知能力和对问题探究实践，设计了由两个问题组成的问题链，要求学生通过解读题目内容和光照示意图，调动已储备的自然地理知识对试题进行分析和判断，利用逻辑推理、分析对比等方式全面考查学生的地理核心素养。

三、基于学科关键能力的高中地理学术情境试题命制的思考与建议

（一）试题设计融入情境、梯度合理、遵循学术逻辑，使试题可答性强

学术情境试题的设问要融合在情境之中，尽量做到不"突兀"、达到"浸润"的效果。需要老师按照学术研究的思路分析和地理问题探究方式进行设计。因此，在地理试题设计过程中，随着情境的不断展开，试题在地理问题设置的逻辑性和关联性，要遵循从浅入深、由易到难的展示顺序和思考逻辑。考虑到学生的思维承受度，力求贴近学生思维习惯，确保学生答题时可以不断"研究性深入"试题情境。

这种将学术问题融入情境的试题，梯度要合理，并且遵循学术逻辑，重在考查学生对问题阐释的能力。在依据地理学科关键能力进行命题时，问题链的设置要根据学生的知识储备和认知特点对论文素材进行加工后展现出来，问题展示具有难易适中和逻辑性特点，试题可答性强。有效的测试情境需要具备以下特征：一是在真实问题的背景下为学生解决问题提供支点，让学生"力所能及"；二是在情境中创设"思维冲突"引发学生深入思考；三是为解决问题提供的"研究性深入"的思考方向和多切入点解决问题的路径。因此，在命题时，可选择学生所熟悉的真实情境，可关注学生所在的地方性情境，然后设置问题。不少省份高考试题中的"本省情境"说明了地方性情境的重要性。这样可考查学生运用地理关键能力解释并在真实情境中解决地理问题的能力。

（二）试题配置紧扣问题、科学合理、内容适度超前，使命题科学规范

学术情境一般需要通过学生没有接触过的"新颖素材"提供背景知识，引导学生深入思考，灵活应用。学术情境试题的知识内容体现的知识适度超前和适度新颖，旨在考查学生在复杂背景下获取新知和建构能力，形成对地理问题的"拓展性"认识。试题情境的设置要与课本内容和课程标准要求相联系。在加工素材时可保持论文中部分原貌，同时可以根据命题需要增加自己绘制的地理图、表等，让试题情境的呈现逻辑性更强，以帮助学生更好地从情境中获得有效信息，做到来源依据可靠、难度贴近实际，试题结构规范，达到试题"可考性强"的目的。

（三）试题呈现支持建构、层次清晰、语句明确，使测试成为学习

由于学术情境资料相对复杂，因此试题编制的关键点之一是优化和精减学术资料的信息呈现方式，控制试题中新概念、新观念的呈现数量和专业信息量。对新概念、新观念和专业信息呈现要做一定的铺垫和解释说明，文字材料和图表材料数量要合理，这样可使卷面更具亲和力，提高学生作答的兴趣。试题尽可能减少无效信息，力求"图精文炼"，以免不必要增加试题的非学科阅读难度。如试题取材于地理学术论文，要做到图文呈现层次清晰，叙述简明易懂，不存在歧义之处。在问题设计中学生易疏忽和易出错的地方，可采取逐条分步给出信息的方式，便于学生在回答每小题时能直接获得关键信息，而不是开始就把所有信息一并呈现，促进学生在做题过程中能通过不断学习提高学科关键能力，也使测试过程成为学生学习提高地理能力的途径。

具有学术情境试题的命题不是毕其功于一役的事，只有反复实践、深入研究、广泛收集资料，才能够不断精进命题能力，提高命题的熟悉程度，提升收集论文的"敏感度"。命题可体现出教师对教材的驾驭能力和对知识体系的理解，也可反映老师对学生地理学科关键能力的了解和把握。在整个试题的创设过程中本着适合学生实际能力、提升学生探究能力的思路，使得试题呈现在学生面前时，能调动学生结合地理图文素材进行思考和探究，调动所获信息进行分析、对比、提取和运用，有效地考查学生的关键能力，逐步培育学生的地理核心素养。

参考文献：

［1］陈诗吉，姚培泰．高中地理学术情境试题的命制与学生素养培养［J］.中国考试，2018（5）: 71-77.

［2］孔燕，吴儒敏，朱晓果，等．学术情境试题的目标定位与编制策略［J］.中国考试，2016（9）: 18-23.

［3］周业宇，雷静．基于学科关键能力的高中生物学重要概念测试题命制［J］.中学生物教学，2023（8）: 61-64.

［4］何宇．浅议地理原创试题的命制路径与反思——以学术情境试题命制为例［J］.教学考试，2023（5）: 70-76.

［5］中华人民共和国教育部．普通高中地理课程标准（2017 年版 2020 年修订）［M］.北京: 人民教育出版社，2020.

地理学业成就与未来地理学家

Michael Solem[1]　沈靖远[2]　沈 阳[2]　龚 倩[2] 译

（1. Texas State University, USA　2. 南京师范大学教师教育学院，江苏 南京　210023）

摘 要：从概念来看，扩大科学领域的参与度是指在各个学段加强非主流群体的融入与提升他们的学术产出。近几十年来，美国地理学家协会（AAG）和各高校地理系通力合作，致力于提高女性、少数族裔和残障人士在本科生、研究生以及学术与非学术专业人员中的代表性。虽然他们仍在为拓宽地理学参与度而努力，然而大多行动却始终将 K-12 阶段的教育工作者和学生排除在外。基于对美国国家教育进步评估（NAEP）提供的多组数据集的分析，本文研究了中学教育阶段学生掌握代表地理学独特内涵和思维过程知识的程度，绘制了用以分析不同学生群体地理学习能力水平的 NAEP 项目图。研究结果表明，大多数学生地理知识匮乏导致其无法较为熟练地运用地理学思维，且由种族、性别以及其他学生特征影响而带来的地理成绩差距仍然存在。社会因素导致的地理学业成就差异，成为了学生获取强有力的地理认识论知识广泛而系统障碍的表征。地理学家有必要采取以研究为基础的综合战略，在 K-12 教育阶段与高等教育阶段间架起桥梁，从而扩大科学领域的参与度。

关键词：扩大参与度；残障；性别；地理知识；种族

长期以来，地理学家对学生群体、学科与专业队伍缺乏多样性感到担忧。20 世纪 80 年代和 90 年代的地理学家出版物就在鼓励同行与专业组织，更加注重学科多样性以及地理学家的社会身份对地理研究和地理教学的塑造方式（*Monk and Hanson 1982; Zelinsky, Monk, and Hanson 1982; Monk 1988; Monk 1997*）。然而，直至 21 世纪初，地理学科仍然是"白人"的状态，有色人种地理学家的人数相对有限，研究种族问题的地理学家和研究族裔问题的地理项目均寥寥无几（*Pulido 2002*）。

美国地理学家协会（AAG）在认识到以多种策略实现地理学科多样性的必要性后，采取了各种面向女性、少数族裔与残障人士的举措，致力于帮助其更好地参与地理学术项目、做好从事地理相关工作的就业准备以及运用地理改变所在社区。例如，各高校地理系可以运用 AAG "ALIGNED" 计划开发的基于网络的资源包，查询空间数据与地理坐标信息，明确招生地区，制订吸引来自不同群体的未来青年地理学家的最优规划。

在美国国家科学基金会（NSF）的资助下，AAG 的"深入研究拓宽地理学参与度"多样性计划组织了地理学和空间科学界专业人士，共同探究地理研究影响扩大科学领域参与度的机制。此外，自 2005 年到 2013 年，NSF 还资助 AAG 开展了"加强地理系和地理研究生教育（EDGE）"计划，支持其对学科多样性以及研究生和青年地理学者的经历开展研究。

联邦政府资助 AAG 的各类计划，不仅是为了尽可能地帮助 AAG 下属的"加强地理学多样性与女性在地理学中地位"委员会实施各项工作、促进 AAG 与地理学界开展多种志愿服务，更是为了扩大科学领域参与度、提高本科生和研究生的专业水平。当前，众多 AAG 成员与有所追求的地理学者积极参与各个高等院校的"支持女性从事地理学研究"项目和"种族、民族与地方会议"，自发组建研究"女性的地理视角""民族地理学""黑种人地理学""拉丁

注：原文 Geography Achievement and Future Geographers 刊载于 *The Professional Geographer* 2022 年 75 卷第 2 期 207-219 页。

裔地理学"等的 AAG 专业工作组。

虽然政府与地理学者为这些项目与计划投入了大量的资源与精力，但所取得的学术产出却令人喜忧参半。一方面，AAG 的"ALIGNED"计划资源包的早期使用者报告称，自 2005 年至 2010 年，女性入学率与少数族裔入学率分别提高了 6% 与 15%（*Solis 2013*）。此外，不仅女性与少数族裔的系部学习氛围有所改善，有关性别、种族、民族、残疾与性态的地理学术研究更为多样（*Schlemper and Monk 2011; Solis and Miyares 2014*），而且 AAG 及其地区会议与年会对地理研究多样性的关注度日益提升（*Winders and Schein 2014; Hawthorne 2019*）。但在另一方面，与其他社会科学和环境科学相比，地理学的研究规模有待提升，地理学家和地理项目参与者的人口构成仍然以白种人与男性为主（*Jordan, Shortridge, and Darden 2022; Kaplan 2021*）。

随着地理学家对拓宽地理学参与度的研究不断深入，美国国家教育进步评估（NAEP）发布了地理评价报告。2018 年，最新的 NAEP 地理评价报告显示，75% 的八年级学生地理知识匮乏。虽然大多数学生在美国历史与公民等科目中的学业成就水平也没能达到 NAEP 评价的熟练水平（*Paulus and Nolan 2021*），但在探究不同学生群体在相同科目学业成就水平参差不齐的潜在成因方面，地理科目取得的进展远不如其他社会科目（*Solem and Stoltman 2020*）。尽管 AAG 等地理学组织的领导者始终大力倡导地理学研究的多样性和包容性，然而 K-12 阶段的地理教师与学生仍很少成为这些主题的研究对象（*Alderman 2021*）。

为了提升地理学研究的多样性与包容性，地理学家需要在致力于拓宽地理学参与度时扩大研究的概念范畴。在拓宽地理学参与度的科学框架中，K-12 阶段是全面提升非主流群体在地理学研究中的参与方式、参与程度、代表性与学术产出的关键（*McNecly and Fealing 2018*）。为了将 K-12 阶段的教育工作者与学生纳入拓宽地理学参与度的研究范畴，地理学家需要在高等教育阶段持续开展大量研究项目，显著提高学生通过学校教育获得经合组织（OECD）教育技能司长 Andreas Schleicher 所说的"认识论知识"（*Schleicher 2018, 62*）。

NAEP 是一项大规模评价学生知识与技能的项目，能够提供庞大的数据集并运用于实证研究。研究内容是学生对特定知识的获取与掌握水平，这些知识是其理解地理学独特内涵和思维过程的基础。本文考察了美国学生的地理学业成就水平，以及不同学业成就水平对其当前与未来的地理学参与度的影响。本研究利用 NAEP 提供的数据和工具，探讨了以下问题：

（1）八年级学生与十二年级学生掌握地理知识的水平和数量如何？

（2）学生群体内部和不同群体之间的地理知识掌握水平有何不同？

（3）随着时间的推移，上述内容会发生怎样的变化？

关注初中生、高中生及其学业成就水平对实现拓宽地理学参与度至关重要。NAEP 地理评价测量的是学生的思维能力与学科基础知识，即认识论知识或英国教育学家 Young（2008）所说的强有力的知识。"国际地理可行能力"项目产出了大量论文，用于说明学生只有习得强有力的地理知识才能掌握地理思维，以及运用地理知识来研究、解释和解决复杂的社会与环境问题（*Bustin, Lambert, and Tani 2020*）。强有力的地理知识有望帮助所有学生优化判断、辨明真理，紧跟地理知识与内涵的动态发展（*Young and Lambert 2014; Lambert, Solem, and Tani 2015; Maude 2016*）。

中学教育阶段是拓宽地理学参与度的关键时期。在此期间，学生往往能够激发自我效能感等关键态度，这些态度塑造了他们对学校科目与其所希求的教育、职业之间适切性的看法。Scholz、Scholz 和 Bochm（2017）在综述生涯发展的社会与认知理论时指出，学生在校内外获得的工具式学习经验与联结式学习经验对其未来的职业选择存在直接影响。具体而言，如果学生难以从某科目中获得佳绩或自我效能感，他们对该学科的兴趣就会减弱。

高中伊始就制订生涯规划的学生往往对其所热爱的职业有更为深刻的认知，并能够尽早明确大学专业。这一点同样适用于那些九年级便开始制订教育和生涯规划，并就其内容每年至少与教师、家长和辅导员讨论一次的学生。截至 2020 年，有 34 个州要求中学生在毕业前完成教育和生涯规划（Torre-Gibney and Rauner 2021）。

此外，有关拓宽科学、技术、工程和数学（STEM）参与度的文献强调，不仅要将生涯规划等不拘泥于校内教育的话题融入 STEM 学习、课外活动、教师启导等非正式教育活动，还要安排科学家、研究人员等专业人士参与其中（Stake and Mares 2005; Pattengale 2009; Duran et al. 2014; Xie and Reider 2014; Callahan et al. 2017）。通过这些教学活动，许多来自非主流群体的学生信心倍增、兴趣拓展、感知效用提高，这体现出他们未来有可能从事与 STEM 相关的工作（Sheldrake, Mujtaba, and Reis 2017）。地理学家们正在实施"强有力的地理"等教育项目，以期建构学生的理想与中学地理课程、职业生涯、社区学院、四年制地理本科课程之间的联系（Dechano-Cook, Deranek, and Cox 2017; Larsen et al. 2022; Solem, Boehm, and Zadrozny 2021; Larsen and Solem 2022）。

在后续章节中，本文首先综述了 NAEP 评价设计，并举例说明其所测量的八年级与十二年级学生的强有力的认识论知识。其次，我们总结了分析几轮 NAEP 地理评价中不同学生群体学业成绩的方法。最后，我们讨论了研究结果，并为拓宽地理参与度提供了以研究为基础的综合战略，其重点在于关注全国 K–12 阶段的地理教师与学生。

一、NAEP 地理评价

NAEP 是一项由美国国会批准，并由美国国家教育评测中心（NCES）管理的评价项目。1988 年，国会成立美国国家评估管理委员会（NAGB）。作为一个独立且无党派的委员会，NAGB 负责制定与出台政策，明确 NAEP 的时间安排、评测尺度与评价内容。

NAEP 的评价对象由多阶段分层系统随机抽样产生。为了确保评估的有效性，保障每个项目都能够用于测量其所对应的学科知识，所有项目都通过了心理测量学家与有关专家的审核。此外，所有项目的可靠性也被进行了评估，确保每个项目都能准确地测量学生的学业成绩和理解能力。最后，为了

体现评估的公平性，NAEP 的开发人员会为有需要的学生提供测试场所，并采用一种称为项目功能差异的程序标记显示出种族或性别反应偏向的临时项目。

NAEP 地理评价是一项全国性评估，其评价结果可用于概括某个目标学习群体（如全国所有八年级学生）的总体特征。NAEP 地理评价具有低利害性，评价结果不会对参评学校、教师或学生产生任何影响。研究人员发现，被试者参与度低可能会降低这一类评价的教育测量有效性（Wise and Kuhfeld 2020）。部分研究者将此视为 NAEP 评价学业成就水平的局限性，其他学者则基于此提出如下假设：如若学生在参评期间没能坚持努力学习，NAEP 的评价结果就会存在随机误差方差。实际上，NAEP 的研究人员多次发现，学业成绩与预测变量（如父母收入、教学经验、学生统计数据）之间存在显著的统计学关系，而随机变量与预测变量之间没有必然关联。因此，NAEP 是能够精准测量学生知识和技能的评价方式。

自 1994 年以来，NAEP 共计发布了五份全美学生地理学业成绩报告。NAEP 在 1994 年、2001 年和 2010 年均发布了四年级、八年级和十二年级的报告，在 2014 年与 2018 年发布了八年级的报告。由于 NAEP 采用了平衡不完全区组设计，参评学生不必填写全套项目，只须完成一个项目子集，应用项目反应理论（IRT）程序就会生成总体评估的估计分数。NAEP 地理评价的结果是各组学生的平均成绩，分数区间为 0 至 500 分，体现出能够正确并完整回答每个项目的学生所占的百分比。

（一）NAEP 评价框架与学业成就水平标准

NAEP 基于评估框架（NAGB 2018）开发了评估地理学业成绩的项目，主要评估三个维度的学科知识：

- 空间与地方试题考查学生对地球上的地方、地表空间模式、塑造空间模式的自然和人文过程等地理知识的了解。
- 环境与社会试题考查学生对人类如何依赖、适应、受制于与影响自然环境的认识。
- 空间动态与联系试题考查学生以空间变化、人地联系的视角理解地理知识的能力。

评价项目测试了学生对每类地理知识的认知水平，共有三层，分别是：知道（是什么？在哪里？）、理解（为什么在这里？是如何到达这里的？有什么意义？）与运用（如何运用地理知识和理解来解决地理问题？）。为了便于进行趋势分析，NAEP 地理评价框架的组织形式自 20 世纪 90 年代初以来始终如一。虽然每次评价都会出现新的评测项目，但评估框架始终与美国国家和各州的地理课程标准中的地理教学目标保持一致。

NAEP 会在每次评估时，划分出三种地理学业成就水平：达标、熟练与优秀。评价框架委员会认为，学生若能达到 NAEP 中的熟练或优秀的学业成就水平，就有很大潜质成为能够运用地理知识来批判性思考与解决问题的未来公民。表 1 与表 2 详细界定了八年级和十二年级学生的 NAEP 学业成就水平标准。

表 1　美国国家教育进步评估（NAEP）中八年级学生达到达标、熟练和优秀水平的预期表现

NAEP- 达标	学生应该掌握基本知识与有关模式、关系、距离、方向、比例尺、边界、位置、环境等概念；利用经纬度解决基本的定位问题；解释简单的地图比例尺；识别大洲及其自然特征、大洋、各大城市；利用图像和技术手段（如地理模型）获取信息和 / 或将信息转化为文字，准确回答描述性的问题；解释地图和地球仪之间的差异；利用地图册或年鉴查询大量信息。学生应该能够识别并说明人类与环境之间的关系，并提供证据说明栖息地是如何影响人类活动的。学生应该能够界定一个区域，识别其独特的特征。最后，他们应该能够阐释区域间的相互作用是如何与人流、物流、服务流、意识流相联系的
NAEP- 熟练	学生应该掌握基本的地理词汇；理解地理概念；综合运用地图册、地球仪等两种及以上的工具，获取信息解决定位问题；比较不同比例尺地图所呈现的信息；识别各种自然与人文特征，描述区域模式。学生应该能够使用图像和技术手段所获取的信息准确回答解释性的问题，并将所得信息转化为模式；识别不同地图投影的差异，根据不同目的选择合适的地图投影，运用地理概念开展案例研究。此外，学生应该能够描述地方的自然和人文特征，解释地方是如何随着人类活动而发生变化的；解释与说明如何用区域的概念规划和理解地表。学生应该能够分析和说明数据库和案例，利用地图上获取的信息描述区域在影响贸易和迁移模式以及政治文化交流方面所起的作用
NAEP- 优秀	学生应该有广博的地理知识、概念和词汇；能够利用不同比例尺地图所呈现的各种信息分析空间现象，并说明它们之间的关系；通过案例研究进行空间分析，绘图地图和图表。学生应该能够识别地表的气候、植被、人口模式，解释这些模式之间的关系；利用地图或航空图片，根据气候推测一个地方的其他要素（如植被），或根据地形推测人口密度。学生也应该能够将区域概念与特定的地方联系起来，解释区域是如何随着时间因各种因素而发生变化的。他们应该能够运用地理概念、工具和技能，对自己界定的一个区域进行简要描述

来源：美国国家教育评测中心（2020 年）

表 2　美国国家教育进步评估（NAEP）中十二年级学生达到达标、熟练和优秀水平的预期表现

NAEP- 达标	学生应该掌握自然地理与人文地理中常见的概念与术语，并能够在利用地图和地球仪解决简单定位问题时选择合适的测量单位与比例尺。学生应能阅读地图，列举平原、高原、丘陵和山脉，为各大洲、主要水体、各国与城市定位。学生应能分析地理数据与利用示意图、表格、变形图、曲线图等图像和技术工具；了解地图投影的性质并能够识别几种基本类型；理解地球的基础结构；解释并运用大陆漂移、板块构造等概念；运用地理概念开展案例研究。学生应该全面理解空间关系，识别各种现象的地球分布模式（如气候区、时区、人口分布、可用资源分布、植被带、交通网、通信网）。学生应能建立地方数据库，并简单分析其重要性
NAEP- 熟练	学生应该全面掌握自然地理和人文地理的概念与术语。学生应该能够运用地理概念分析空间现象，探讨界定与分析空间特征的经济、政治、社会因素。学生应该能够通过阅读地图等图像和技术工具、开展研究案例分析、利用数据库、选择恰当研究对象等方式中完成上述内容。学生应该能够基于描述性的数据自主绘制地图；描述世界主要地区的自然和文化特征；建构人口分布与经济和环境因素之间的关联；使用专题地图、主要数据与次要数据，建立地理框架，汇报历史和当代事件
NAEP- 优秀	学生应该全面掌握地理知识和概念，运用其开展案例研究；提出假设并检验用于说明自然现象和人文现象之间复杂关系的地理模型；运用各种地图技能；根据基本制图原则（将有关地方和事件的文字转化为地理符号）绘制地图，并利用其他图像和技术工具，开展定位分析、解释空间关系。学生还应该能够对航空照片、卫星影像等其他图像开展综合分析。处于 NAEP 优秀水平的学生应该能够制定标准，用于评估与人类空间管理和环境稳定性有关的问题，并运用研究技能与批判性思维策略制定替代方案。学生应该能够将不同类别的信息汇入数据库，并对其中的数据变化开展归纳和推测

来源：美国国家教育评测中心（2020 年）

（二）NAEP 项目图

为了说明 NAEP 分数与学业成就水平标准之间的关系，NAEP 网站为用户提供创建项目图的工具，项目图能够显示各评价知识叙词的分数排布。图 1 与图 2 分别是 2018 年八年级 NAEP 地理评价项目图与 2010 年十二年级 NAEP 地理评价项目图。

NAEP 地理评价项目均为学生容易得分的题项，在 NCES 中有如下表述：

不论得分情况如何，每个项目在项目图中的位置代表了学生得分的概率，如 65%、74% 或 72% 的学生答对简答题、有四个选项的多项选择题、有五个选项的多项选择题的概率。由于学生在简答题中的回答可能是完整或片面的，因此，同一道简答题可以在图中对应多个点位。

项目图体现出，处于 NAEP 达标水平的学生较为擅长回忆地方、人地相互作用、空间模式、地表过程等事实性知识，所写的项目答案往往较为片面或不够完整，仅掌握了部分达到熟练水平所需的学科知识。与达标水平的学生相比，处于 NAEP 熟练水平的学生所了解的地理概念与之相仿，但他们对三大维度地理知识的理解更加全面，更加善于应用地理概念和技能。

得分　NAEP 八年级地理项目示例（2018 年）

500

373　▲ 描述北京经济增长的积极和消极影响——完整（CR）
356　■ 分析照片中的气候特征——完整（CR）
342　■ 利用温度梯度图识别并阐释城市热岛——完整（CR）
331　▲ 识别移民带去新地方的文化特征——完整（CR）
328　● 在地图上标出卡津文化区域——完整（SR）

315 NAEP 优秀

310　■ 找出并解释人类与自然灾害相互作用的案例——完整（CR）
308　● 使用时区图确定某地的日期和时间——完整（SR）
304　● 辨别天气和气候——完整（MC）
300　▲ 描述北京经济增长的积极和消极影响——部分（CR）
296　● 利用世界地图识别生物群落——完整（MC）
287　■ 使用地图确定夏季风对印度的有利影响——完整（MC）
287　▲ 从照片中识别土地利用类型并解释其重要性——完整（CR）
286　● 基于地图中的空间分布数据论证结论——完整（MC）

282 NAEP 熟练

280　▲ 利用地图确定铁路枢纽，并解释其中断对铁路网带来的影响——完整（CR）
276　● 利用地图联系国会选区与人口密度——完整（MC）
272　■ 找出并解释人类与自然灾害相互作用的案例——可接受的（CR）
268　■ 分析照片中的气候特征——部分（CR）
265　▲ 识别移民带去新地方的文化特征——部分（CR）
260　● 识别地轴倾斜对季节的影响——完整（MC）
258　● 从照片中识别梯田农耕景观——完整（MC）
253　● 识别热带气候下种植的农作物——完整（MC）
244　● 分析飓风的卫星影像，确定破坏力最大的象限——完整（SR）

续表

242 NAEP 达标

237　▲ 从照片中识别土地利用类型并解释其重要性——部分（CR）
231　▲ 利用地图确定铁路枢纽或解释其在更大的铁路网中的重要性——部分（CR）
201　● 明确太阳的热量会导致水的蒸发——完整（MC）
182　■ 找出或解释人类与自然灾害相互作用的案例——部分（CR）
181　● 基于地图中的空间分布数据论证结论——部分（MC）

0

注：CR 代表简答题，SR 代表多项选择题，MC 代表单项选择题。
内容分类
● 空间与地方　■ 环境与社会　▲ 空间动态与联系

图 1　2018 年美国国家教育进步评估（NAEP）八年级地理项目图。来源：美国教育部，教育科学研究所，国家教育评测中心，2018 年国家教育进步评估，2018 年地理评价

得分　NAEP 十二年级地理项目示例（2010 年）

500

375　▲ 利用地图解释沿海地区人口众多的原因——完整（CR）
363　▲ 绘制南美洲剖面图——完整（CR）
361　■ 描述湿地的功能——完整（CR）
358　■ 利用表格分析澳大利亚和利比亚的人口密度——完整（CR）
344　■ 理解梯田耕作（MC）
343　▲ 解释美国出口和进口的原因——完整（CR）
342　● 利用示意图阐释商业区选址的原因——完整（CR）
340　● 绘制南美洲剖面图——可接受的（CR）

339 NAEP 优秀

334　▲ 找出有关联合国性别赋权指数的正确结论（MC）
332　● 绘制南美洲剖面图——部分（CR）
329　▲ 找出美国的一个地理障碍（MC）
325　▲ 利用人口金字塔解释人口（MC）
323　■ 利用表格分析澳大利亚和利比亚的人口密度——部分（CR）
320　■ 识别大陆轮廓（MC）
315　▲ 识别区域特征（MC）
314　● 解释马里人口过剩的原因（MC）
313　● 解释自然增长率（MC）
312　● 利用地图解释沿海地区人口众多的原因——部分（CR）

305 NAEP 熟练

301　▲ 理解五大湖是如何形成的（MC）
299　● 在等高线图上绘制海拔高度图——完整（CR）
299　▲ 了解发展中国家的经济（MC）
289　▲ 解释美国出口和进口的原因——部分（CR）

287	■ 识别一种排放温室气体的活动（MC）
286	● 理解时区（MC）
286	■ 描述湿地的功能——部分（CR）
278	● 利用示意图阐释商业区选址的原因——部分（CR）
276	● 明确最能代表陆地的地图（MC）
270 NAEP 达标	
264	● 认识宗教的传播（MC）
261	■ 理解环保漫画（MC）
254	● 识别造就地貌形态的侵蚀因子（MC）
0	

注：CR 代表简答题，SR 代表多项选择题，MC 代表单项选择题。

内容分类

● 空间与地方　　　■ 环境与社会　　　▲ 空间动态与联系

图2　2010 年美国国家教育进步评估（NAEP）十二年级地理项目图。来源：美国教育部，教育科学研究所，国家教育评测中心，国家教育进步评估，2010 年地理评估。

二、研究方法

NAEP 地理评价是一种常模参照评估，可用于比较学生之间的地理学习成绩差异。为了解决本文的研究问题，本研究使用 NAEP 项目图工具对学生在最近三次 NAEP 地理评价（1994 年和 2001 年的评价没有项目图）中成绩进行了分类。

本研究所比较的学生样本来源于近期对 NAEP 八年级地理数据集的统计分析结果（*Solem, Vaughan, et al. 2021*）。由于 NAEP 数据呈现出学生成绩按学校聚类分布的特征，上述研究人员采用了层次线性模型来处理数据中的协变量和相互关系。这一统计方法能够在控制其他预测变量的同时，对学生与学校层面的预测变量开展成绩评估。种族、性别、父母教育程度等的学生变量，是目前预测全美地理学业成绩最重要的因素；而学校类型（私立或公立）、城市化水平（位于市区、郊区、城镇或乡村）、在全美的地区位置（东北部、南部、中部或西部）和种族构成等的学校属性变量，在预测地理学业成绩时所起的作用较弱。

本文主要分析与 NAEP 中所有五项地理评价的成绩有显著关联性的学生层面的二分预测变量（图3）。图 3 中的成绩预估值（回归系数）以 theta 为单

位，近似平均值为 0，标准偏差为 1。本研究发现：

由于成绩以 theta 为单位，所有系数均代表了在其他预测因素保持不变的情况下，某个预测因素每变化一个单位，学生成绩标准差就预计发生的变化。因此，二元预测变量的回归系数代表了在其他预测变量不变的条件下，参照组与研究组之间预测成绩的平均差距。基于此，Cohen（1988）分析效应大小 *d* 值的一般性指导原则具有潜在的实用价值，.10、.25、.40 分别对应小、中、大效应。（*Solem, Vaughan, et al. 2021, 203*）

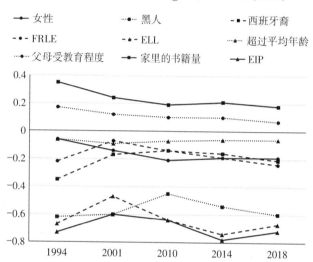

图3　1994-2018 年美国八年级不同学生群体的地理成绩（以 theta 为单位）。来源：Solem，Vaughan 等，2021 年，第 208 页。

基于上述内容，本研究采用 t 检验测试下列学生群体的地理学习成绩百分位数的差异：

- 黑人和西班牙裔，与白人相比。
- 女性与男性相比。
- 以英语为母语的学习者（ELL）与非 ELL 相比。
- 在"个别化教育计划"（IEP）中被确认有残疾（如认知、身体、精神）的学生，与非 IEP 的学生相比（IEP 的制定是为了照顾需要特殊教育与学习场所的学生）。
- 符合午餐免费或减价条件（FRLE）的学生与不符合条件的学生相比（FRLE 是教育研究中常用的社会经济地位［SES］的替代变量，但部分学者认为其认可度不如家庭收入等 SES 指标；详见 *Harwell and LeBeau*［*2010*］）。

三、研究结果

本研究对八年级（表 3-5）和十二年级（表 6）的 NAEP 地理项目图分类后发现，不同学生群体接受地理知识时的不平等现象依然存在，并且有显著的统计学差异。

表 3　2010 年八年级不同学生群体的地理成绩百分位数平均分

百分位数	种族 / 民族			性别		IEP		ELL		FRLE	
	白人	黑人	西班牙裔	男性	女性	否	是	否	是	否	是
第 90	**305**	276*	281*	**302**	**297***	301	278*	**300**	261*	**305**	283*
第 75	**291**	260*	266*	286	281	286	259*	**285**	243*	**292**	267*
第 50	273	242*	246*	265	261	266	238*	265	224*	274	248*
第 25	254	224*	225*	242	240	245	215*	244	202*	255	228*
第 10	236	205*	204*	221	219	226	194*	225	185*	236	208*

注：IEP= 个别化教育计划；ELL= 以英语为母语的学习者；FRLE= 午餐免费或减价条件。用粗体字显示的分数代表达到或高于 NAEP 熟练水平。用斜体显示的分数代表达到或低于 NAEP 基础水平。来源：美国教育部，教育科学研究所，国家教育评测中心，国家教育进步评估，2010 年地理评价。

* 与对照组相应百分位数相比，具有显著的统计学差异（$p<0.05$）。

表 4　2014 年八年级不同学生群体的地理成绩百分位数平均分

百分位数	种族 / 民族			性别		IEP		ELL		FRLE	
	白人	黑人	西班牙裔	男性	女性	否	是	否	是	否	是
第 90	**305**	276*	**284***	**302**	**297***	301	278*	**300**	260*	**306**	284*
第 75	**291**	259*	268*	**286**	281	**285**	258*	**285**	243*	**292**	268*
第 50	275	241*	250*	266	261	266	235*	265	224*	275	249*
第 25	257	222*	230*	243	241	246	212*	245	205*	257	229*
第 10	239	204*	210*	220	221	226	193*	225	186*	239	209*

注：IEP= 个别化教育计划；ELL= 以英语为母语的学习者；FRLE= 午餐免费或减价条件。用粗体字显示的分数代表达到或高于 NAEP 熟练水平。用斜体显示的分数代表达到或低于 NAEP 基础水平。来源：美国教育部，教育科学研究所，国家教育评测中心，国家教育进步评估，2014 年地理评价。

* 与对照组相应百分位数相比，具有显著的统计学差异（$p<0.05$）。

表 5　2018 年八年级不同学生群体的地理成绩百分位数平均分

百分位数	种族 / 民族			性别		IEP		ELL		FRLE	
	白人	黑人	西班牙裔	男性	女性	否	是	否	是	否	是
第 90	**304**	273*	284*	**301**	**294***	**299**	275*	**299**	257*	**305**	283*
第 75	**289**	256*	268*	**284**	279*	**284**	255*	**283**	240*	**290**	267*
第 50	272	236*	249*	263	260*	264	232*	263	221*	273	246*
第 25	253	215*	227*	237	237	242	209*	241	201*	254	224*
第 10	232	197*	207*	214	215	221	190*	220	183*	234	204*

注：IEP= 个别化教育计划；ELL= 以英语为母语的学习者；FRLE= 午餐免费或减价条件。用粗体字显示的分数代表达到或高于 NAEP 熟练水平。用斜体显示的分数代表达到或低于 NAEP 基础水平。来源：美国教育部，教育科学研究所，国家教育评测中心，国家教育进步评估，2018 年地理评价。

* 与对照组相应百分位数相比，具有显著的统计学差异（$p<0.05$）。

表 6　2010 年十二年级不同学生群体的地理成绩百分位数平均分

百分位数	种族 / 民族			性别		IEP		ELL		FRLE	
	白人	黑人	西班牙裔	男性	女性	否	是	否	是	否	是
第 90	**319**	291*	**302***	**318**	**312***	**316**	298*	**315**	276*	**319**	300*
第 75	**306**	277*	287*	303	298*	**302**	282*	302	264*	**306**	286*
第 50	291	261*	271*	286	281	285	262*	285	249*	290	270*
第 25	275	244*	254*	268	263	268	242*	267	231*	273	252*
第 10	259	229*	238*	250	245	251	224*	250	217*	257	235*

注：IEP= 个别化教育计划；ELL= 以英语为母语的学习者；FRLE= 午餐免费或减价条件。用粗体字显示的分数代表达到或高于 NAEP 熟练水平。用斜体显示的分数代表达到或低于 NAEP 基础水平。来源：美国教育部，教育科学研究所，国家教育评测中心，国家教育进步评估，2010 年地理评价。

* 与对照组相应百分位数相比，具有显著的统计学差异（$p<0.05$）。

（一）种族与民族

相较于八年级白人学生，达到或高于 NAEP 熟练水平的西班牙裔和黑人学生相对较少。2010 年，在十二年级的西班牙裔和黑人学生中，地理成绩在第 90 百分位数的学生没有达到 NAEP 熟练水平。2010 年、2014 年和 2018 年，全美大部分八年级黑人学生的地理成绩低于 NAEP 达标水平；2010 年，十二年级黑人学生的地理成绩普遍低于 NAEP 达标水平。在所有可用的 NAEP 地理评价中，白人学生在每个百分位数上的学习成绩都优于西班牙裔和黑人学生。

（二）性别

据统计，八年级地理成绩较差的男生和女生人数相当。在第 50、75 和 90 百分位数的男生成绩优于女生，略高于 75% 的女生成绩未能达到 NAEP 熟练水平。不过，2010 年，十二年级中位于第 10 和 25 百分位数的男生成绩超过了同位次的女生。与其他学生群体的成绩差距相比，基于性别的分数差距往往较小。

（三）IEP

地理成绩的巨大差异与学生的残疾状况有关。在八年级，大多数接受 IEP 的学生的地理成绩低于 NAEP 达标水平，该群体中成绩最好的学生也未能达到 NAEP 熟练水平。同时，每个百分位数上无残障学生的地理成绩普遍优于同位次的接受 IEP 的学生。这些结果与 2010 年 NAEP 对十二年级 IEP 学生的地理评价一致。

（四）ELL

地理成绩的巨大差距还与学生的英语熟练度有关。在八年级，大多数 ELL 学生的成绩低于 NAEP 达标水平，其中成绩最好的学生也低于 NAEP 熟练水平。与在各百分位数上的学生相比，ELL 学生的成绩普遍较低。这些结果与 2010 年 NAEP 对十二年级 ELL 学生的地理评价一致。

（五）FRLE

NAEP 地理成绩的差异还与国家学校午餐计划 FRLE 有关。在每个百分位数上，与不符合 FRLE 条件的学生相比，符合条件的学生在 NAEP 地理评价中的成绩普遍较低。在八年级，只有位次最高的 FRLE 学生的地理成绩超过了 NAEP 熟练水平，但在十二年级，超过 90% 的 FRLE 学生成绩未能达到 NAEP 熟练水平。

四、讨论

本文利用 NAEP 项目提供的数据分析了八年级和十二年级学生的地理成绩。尽管本文并非因果关系研究，但学生成绩的不平等反映了高等教育和专业队伍中长期存在女性、少数族裔和残障人士在地理学领域代表性不足的问题。这一现象呼吁地理学家们深入探讨学生在地理知识方面的社会差异，以及在拓宽地理学参与度时不考虑 K-12 地理教师和学生的后果。

Sanders（2006）在论文中，基于自身作为一名有色人种女性在地理学领域的经历，反思了一门学科无法实现多元化和包容性时的后果，进一步揭示了美国教育中人文研究潜力的不足。长期以来，美国有太多的学生遭受排挤，无法真正参与地理学研究，难以获得高水平地理知识与思维。这种现象的后果是认识论知识的匮乏，多见于黑人学生、ELL 学生以及需要 IEP 的学生。

虽然地理知识的匮乏并非等同于年轻人只能从事不理想的职业，也不代表他们不能成为积极主动的公民，但的确表明他们在高中阶段制订教育和职业规划、做出消费选择、日常工作与行使公民权利时，难以深入理解地理现象或是欣赏地理之美。地理学者们要想改变这种状况，就必须制订拓宽地理

学参与度的战略，从而帮助年轻人获得拥有强有力知识的"教学权利"，也就是掌握"批判性思考与创新性探索的思维"（Bernstein 2000, 30）。

地理学在中等教育中的课程地位日益式微，地理学家必须尽快采取相关举措。根据各州对地理研究和社会研究的需求的调查（Zadrozny 2021），在初中阶段，只有 4 个州要求开设独立的地理课程（少于 2009—2010 年的 16 个州），11 个州要求开设地理和社会研究的综合课程（如地理和历史）。在高中阶段，只有 3 个州要求开设独立的地理课程（少于 2010 年的 6 个州），10 个州要求开设综合课程。其余各州不要求开设地理课，或是将其设为选修课。

随着各州对地理教学要求的降低，在高中学段，地理课程中的人文地理预修课程（APHG）的重要性随之提高。近年来，每年都有 20 多万学生参加 APHG 课程与考试。

参加 APHG 课程与考试的学生人数增幅体现出，大部分生源为九年级学生（Kaplan 2021）。目前，超过三分之二的 APHG 考生为九年级学生，而其在大多数其他预修课程（AP）中的占比却不到 1%。德克萨斯、佛罗里达等地在财政上大力支持学校开设 AP 课程（Jackson 2010），因此，这些地区的中学大多在九年级开设 APHG 课程，以替代同级的地理课程（如世界地理）（Zadrozny 2021）。基于此，在这些地区，九年级学生参与 APHG 考试的比例尤其高。

开设大学预修课程旨在引导高中生体验大学课程，参加预修课程考试，获得大学学分和专业名额。尽管 APHG 的数据显示，越来越多的九年级学生开始学习大学阶段的地理课程，但许多地理学家所期盼的本科生入学率的提升却尚未实现。这是由于大多数九年级学生的 APHG 考试成绩不够高，无法获得大学学分和专业名额。其中，75% 的非亚洲裔有色人种学生在九年级参加 APHG 考试时未能合格，不免让人质疑该课程对其自我效能感和对地理学科认知的影响（Scholz, Scholz, and Boehm 2017; Solem, Boehm, and Zadrozny 2021）。

根据 NAEP 八年级地理考试的结果，以及长期以来人们对快速增多的 APHG 课程缺少受过专业培训的地理教师的担忧（Hildebrant 2016; Lanegran *and Zeigler 2016; Murphy 2000*），许多学校允许数以万计的八年级学生在高中伊始就尝试学习大学阶段 APHG 课程的做法较为轻率。提高选修地理课程的学生人数势在必行，但是拓宽地理学参与度的关键在于让学生真正掌握地理学的专业知识与独特的思维过程。综上，在拓宽地理学参与度的过程中，研究者必须兼顾学生在学校学习地理知识的机会与学生的学习效果。

（一）拓宽地理学参与度的战略须以研究为基础

实施全面提升各级教育中地理学参与度的综合战略并非易事，其所面临的问题错综复杂，需要地理学家像研究气候变化、国际移民、全球商业等人类世界的各种主题那样，以严谨的思维与敏捷的才智去应对。

根据 NAEP 地理评价的统计建模，在不考虑学校所在地的城市化水平、地区位置与学校类型的前提下，我们已知种族、残障与否等学生特征是预测地理成绩最重要的变量。接下来，不仅是专门从事教育研究方向的地理学家，所有的地理学家都要研究如何让学生平等地接受地理知识。

最近一期《地理学报》特刊提出了一项研究议程，旨在促进人们了解与美国地理成绩差距和趋势相关的社会和教育因素（*Alderman 2021; Choi 2021; Makowsky and Martin 2021; Paulus and Nolan 2021; Rueschhoff and Palma 2021; Stoltman 2021*）。议程鼓励学者对 NAEP 和其他联邦数据集展开更深入的分析，从而确定学生地理成绩的不平等与教育学习机会（如教学质量、教学时间、课程数量等可能影响学生成绩的校内变量）的不平等之间的具体关联。

此外，地理学家还需要基于邻里层面分析阻碍教育公平的人口和经济因素。学者与教师、家长、学生和学校管理者通力合作，开发多种本土化、情境化的课程，有利于提高全国学生的地理成绩（如 AAG 的"地理编码"计划正在南加州试点的工作 6）。

由于地理学家们长期致力于共同应对重大社会和环境挑战，我们可以对地理学的未来充满希望。AAG 提出了一项新的战略计划，倡导"正义、公平、多样性和包容性"（JEDI），为地理学者们提供了研究契机。在未来的数月和数年间，AAG 计划在其内部、地理系和地理学科中推进 JEDI 计划，地理研究人员均可参与其中。

对于 K-12 阶段的教师和学生，AAG 的 JEDI 计划倡议在短期内采取两项举措：① 对"进一步将 K-12 阶段的教师和学生与学术和专业地理相结合"开展评估；② "在 AP 考试阅卷与国家地理教育委员会年会期间举办圆桌会议，促进 AAG、K-12 阶段教师、社区学院教育工作者与高等教育阶段的地理学家之间的合作，以培养强大而多元的未来地理学家"（*American Association of Geographers JEDI Committee 2021, 9*）。虽然这些举措合情合理，也得到了广泛的认可，但地理学家也必须承认并纠正有关 APHG 的不平等现象，并努力解决由于地理组织机构的工作重点与财政限制不断变化导致的师资培训能力不足的问题（*Boehm et al. 2020*）。

综上所述，要想推动地理学科的多元性与包容性，就必须在地理学界内外开展各种个人与组织之间的开放式学术辩论、合作与思想交流，从而实施拓宽地理学参与度的综合战略。这些思想交锋使得地理科学迎来了数十年的变革性范式转变，开辟了崭新的学术研究领域（*National Academies of Sciences, Engineering, and Medicine 2019*）。

学校教育能否成为地理学下一次变革的起点？这一问题的答案将决定地理学科未来的定位与发展。

参考文献：

[1] Alderman D H. On the Disciplinary Achievement Gap: Implications of Social Disparities in NAEP Student Outcomes for Diversity and Decolonization in Geography Education[J]. Journal of Geography, 2021, 120(6): 244-248.

[2] American Association of Geographers JEDI Committee. 3-year Justice, Equity, Diversity, and Inclusion Strategic Plan[R]. Washington, DC: American Association of Geographers, 2021.

[3] Bernstein B. Pedagogy, Symbolic Control and Identity: Theory, Research, Critique, Rev. ed[M]. London: Rowman & Littlefield, 2000.

[4] Boehm RG, Solem M, Zadrozny J, et al. A Report on a Roundtable Discussion of the Future of Geography

Education[R]. San Marcos, TX:Grosvenor Center for Geographic Education, 2020.

[5] Bustin R, Lambert D, and Tani S. The Development of GeoCapabilities: Reflections, and the Spread of an Idea[J]. International Research in Geographical and Environmental Education, 2020, 29(3): 201-205.

[6] Callahan C N, LaDue,N D, Baber L D,et al.Theoretical Perspectives on Increasing Recruitment and Retention of Underrepresented Students in the Geosciences[J]. Journal of Geoscience Education, 2017, 65(4): 563-576.

[7] Choi Y. Geography Achievement and Opportunity to Learn: A Focus on Computer and Educational Technology[J]. Journal of Geography, 2021, 120(6): 232-238.

[8] Cohen J. Statistical Power Analysis for the Behavioral Sciences, 2nd ed[M].Hillsdale, Erlbaum, 1988.

[9] Dechano-Cook L M, DeranekJ, and CoxS J. Connecting Physical Geography Content with Career and Life Aspirations[J]. Michigan Academician, 2017, 44(3): 304-318.

[10] Duran M, Höft M, Lawson D B, et al. Urban High School Students' It/STEM Learning: Findings from a Collaborative Inquiry and Design-based Afterschool Program[J]. Journal of Science Education and Technology, 2014, 23(1): 116-137.

[11] HarwellM R, and LeBeau B. Student Eligibility for a Free Lunch as an SES Measure in Education Research[J]. Educational Researcher, 2010, 39(2): 120-131.

[12] Hawthorne C. Black Matters are Spatial Matters: Black Geographies for the Twenty-first Century[J]. Geography Compass, 2019, 13(11): 1-13.

[13] Hildebrant B. Perspectives on the Development and Future of Advanced Placement Human Geography [J]. Journal of Geography, 2016, 115(3): 137-38.

[14] Jackson C K. A Little Now for a Lot Later: A Look at a Texas Advanced Placement Incentive Program[J]. The Journal of Human Resources, 2010, 45(3): 591-639.

[15] Jordan D R, Shortridge A, and Darden J T. Exploring Persistent Racial and Ethnic Representation Disparity in U S. Geography Doctoral Programs: The Disciplinary Underrepresentation Gap[J]. The Professional Geographer, 2022, 74(2): 193-220.

[16] Kaplan D H. Geography's Position in Education Today[J]. The Professional Geographer, 2021, 73 (4): 608-618.

[17] Lambert D, Solem M, and Tani S.Achieving Human Potential Through Geography Education: A Capabilities Approach to Curriculum Making in Schools[J]. Annals of the Association of American Geographers, 2015, 105(4): 723-735.

[18] Lanegran D A, and Zeigler D J. Advanced Placement Human Geography: Looking Back and Looking Ahead [J]. Journal of Geography, 2016, 115(3): 90-94.

[19] Larsen T B, and Solem M. Conveying the Applications and Relevance of the Powerful Geography Approach through Humanitarian Mapping[J]. The Geography Teacher, 2022, 19(1): 43-49.

[20] Larsen T B, Solem M, Zadrozny J,et al. Contextualizing Powerful Geographic Knowledge in Higher Education: Data-driven Curriculum Design to Interweave Student Aspirations withWorkforce Applications [J]. International Research in Geographical and Environmental Education, 2022, 31(2): 139-151.

[21] Makowsky M, and Martin Z. Geography Achievement and Opportunity to Learn: A Focus on the Attitudes of Teachers and Students[J]. Journal of Geography, 2021, 120(6): 225-231.

[22] Maude A. What Might Powerful Geographical Knowledge Look Like?[J]. Geography, 2016, 101 (2): 70-76.

[23] McNeely C L, and Fealing K H. Moving the Needle, Raising Consciousness: The Science and Practice of Broadening Participation[J]. American Behavioral Scientist, 2018, 62(5): 551-562.

[24] Monk J. Engendering a New Geographic Vision[M]. Teaching Geography for a Better World. Edinburgh, Oliver and Boyd, 1988, 91-103.

[25] Monk J. Finding a Way[J]. New Zealand Journal of Geography, 1997, 104: 7-11.

[26] Monk J, and Hanson S. On not Excluding Half of the Human in Human Geography[J]. The Professional Geographer, 1982, 34(1): 11-23.

[27] Murphy A B. Teaching Advanced Placement Human Geography[J]. Journal of Geography, 2000, 99(3-4): 93-97.

[28] National Academies of Sciences, Engineering, and Medicine. Fostering Transformative Research in the

Geographical Sciences [M].Washington, DC: The National Academies Press, 2019.

[29] National Assessment Governing Board (NAGB). Geography Assessment Framework for the 2018 National Assessment of Educational Progress [R]. Washington, DC: National Assessment Governing Board, 2018.

[30] National Center for Education Statistics. The NAEP Geography Achievement Levels.[EB/OL].(2021-12-12).

[31] Pattengale J. Why I Teach: And Why It Matters to My Students [M].New York: McGraw-Hill, 2009.

[32] Paulus L, andNolan K. Geography Achievement and Opportunity to Learn: A Focus on Curriculum Organization and Content [J]. Journal of Geography, 2021, 120(6): 212-217.

[33] Pulido L. Reflections on a White Discipline [J]. The Professional Geographer, 2002, 54(1): 42-49.

[34] Rueschhoff J, and PalmaH. Geography Achievement and Opportunity to Learn: A Focus on Teacher Quality [J]. Journal of Geography, 2021, 120(6): 218-224.

[35] Sanders R. Social Justice and Women of Color in Geography: Philosophical Musings, Trying Again [J]. Gender, Place and Culture: A Journal of Feminist Geography, 2006, 13(1): 49-55.

[36] Schleicher A. Educating Learners for Their Future, Not Our Past [J]. ECNU Review of Education, 2018, 1 (1): 58-75.

[37] Schlemper M B, and Monk J. Discourses on "Diversity": Perspectives from Graduate Programs in Geography in the United States [J]. Journal of Geography in Higher Education, 2011, 35(1): 23-46.

[38] Scholz M, Scholz R, and Boehm R G. Investigating Grade Level Impact of the Advanced Placement Human Geography Course and Student Interests in Pursuing Geography in Higher Education [J]. Research in Geographic Education, 2017, 19(1): 67-81.

[39] Sheldrake R, Mujtaba T, and Reiss M J. Science Teaching and Students' Attitudes and Aspirations: The Importance of Conveying the Applications and Relevance of Science [J]. International Journal of Educational Research, 2017, 85: 167-183.

[40] Solem M, Boehm R G, and Zadrozny J. Advanced Placement Human Geography: Time for a Geappraisal?AAG Perspectives.[EB/OL].(2021-12-14).

[41] Solem M, Dony C, Herman T, et al. Building Educational Capacity for Inclusive Geocomputation: A Research-practice Partnership in Southern California [J]. Journal of Geography, 2021, 120(4): 152-59.

[42] Solem M, and Stoltman J. The NAEP Geography Assessment: Will It Come Back?[J]. Journal of Geography, 2020, 119(4): 136-139.

[43] Solem M, Vaughan P, Savage C, et al. Student-and School-level Predictors of Geography Achievement in the United States, 1994-2018 [J]. Journal of Geography, 2021, 120(6): 201-211.

[44] Solís P. Aligned: Addressing Locally-tailored Information Infrastructure and Geoscience Needs for Enhancing Diversity [R]. Washington, DC: American Association of Geographers, 2013.

[45] Solís P, and Miyaresl M. Rethinking Practices for Enhancing Diversity in the Discipline [J]. The Professional Geographer, 2014, 66(2): 169-172.

[46] Stake J, and Mares K. Evaluating the Impact of Science-enrichment Programs on Adolescents' Science Motivation and Confidence: The Splashdown Effect [J]. Journal of Research in Science Teaching, 2005, 42(4): 359-375.

[47] Stoltman J P. NAEP Geography: What was Expected and What was Learned [J]. Journal of Geography, 2021, 120(6): 239-243.

[48] Torre-Gibney T, andRauner M. Education and Career Planning in High School: A National Study of School and Student Characteristics and College-going Behaviors.[EB/OL]. REL 2022-127.

[49] Winders J, and Schein R. Race and Diversity: What Have We Learned?[J]. The Professional Geographer, 2014, 66(2): 221-229.

[50] WiseS L, and Kuhfeld M R. A Cessation of Measurement: Identifying Test Taker Disengagement Using Response Time [M].Integrating Timing Considerations to Improve Testing Practices. London and New York: Routledge, 2020, 150-164.

[51] Xie Y, and Reider D. Integration of Innovative Technologies for Enhancing Students' Motivation for Science Learning and Career [J]. Journal of Science Education and Technology, 2014, 23(3): 370-380.

[52] Young M. Bringing Knowledge Back in [J]. London and New York: Routledge, 2008.

[53] Young M, and Lambert D. Knowledge and the Future School: Curriculum and Social Justice[J]. London: Bloomsbury, 2014.

[54] Zadrozny J. Social Studies and Geography Survey for Middle and High Schools[R]. San Marcos, TX: Gilbert M. Grosvenor Center for Geographic Education, 2021.

[55] Zelinsky W, Monk J. and Hanson S. Women and Geography: Review and Prospectus[J]. Progress in Human Geography, 1982, 6(3): 317-366.

地理特级教师专业核心素养的建构及解析

——对江苏省与上海市 52 名地理特级教师群体形象的刻画

朱雪梅　　郭阳光

（南京师范大学教师教育学院，江苏 南京　210046）

摘　要： 地理特级教师是地理教育的引领者，在教学创新和人才培养中发挥示范作用。本文基于对江苏省与上海市 52 名地理特级教师的群体形象分析，从师德师风、教学理念、专业知识和教学能力四大维度构建地理特级教师的专业核心素养指标体系，并结合案例解析其内涵。地理特级教师核心素养的建构，对当下建设教育家型地理教师队伍应具有积极的启示作用。

关键词： 地理特级教师；核心素养；教师专业发展

特级教师是师德的表率、育人的模范、教学的专家，是"四有"好教师的示范标杆。[1]特级教师以其卓越的专业能力和深远的影响力，成为教育革新与教学艺术的领航人。我国特级教师评选制度最早从 1956 年开始试点，1978 年正式实施。1993 年《特级教师评选规定》正式颁布，对特级教师的定位、评选条件、评选程序以及评后待遇作出了明确说明。[2]在过去的 30 多年内，特级教师荣誉的设立与表彰，极大地推动了卓越教师的培养，在全社会范围内树立了尊师重教、崇尚知识与人才的鲜明旗帜，激励着无数教育工作者坚守岗位，潜心育人，为我国教育事业发展做出了不可磨灭的贡献。

一、地理特级教师专业核心素养指标的建构

地理特级教师，作为地理教育领域的佼佼者，不仅是地理科学知识的权威传播者，更擅长以创新的教学手段点燃学生的学习热情，引领学生探索自然奥秘，理解社会变迁，培养敏锐的地理思维与批判性视角。剖析地理特级教师的专业素养及发展规律有利于探寻卓越地理教师的培养模式，也为高师地理教育课程的改革和创新提供参考。

本文基于江苏省的《著名特级教师思想录·中学地理卷》与《为学善纳慧融，立言登高望远——上海地理特级教师风采录》，采用归纳法及个案分析法，对著作中江苏省 21 名、上海市 31 名地理特级教师的自传式报告进行综述，以揭示其教育理念、教学风格及成长历程的规律，为凝练新时代地理教育家精神提供参照。

特级教师专业核心素养是指特级教师在职前学习和职后实践与培训的过程中逐步形成的，为适应学生成长及教师自身专业发展所应具备的关键性素养，包括品格修为、知识涵养和教学能力三个方面的内容。[3]研究 52 位地理特级教师的发展报告，概括其共性特征，从师德师风、育人思想、专业知识及教学能力四大维度构建地理特级教师的专业核心素养指标体系（见图 1），可发现地理特级教师群体所特有的品格修为、知识涵养和教学能力等特征。

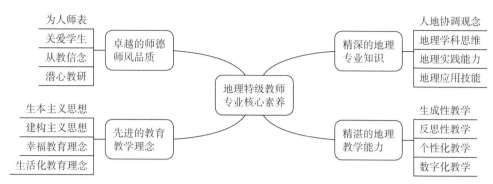

图 1　地理特级教师专业核心素养指标

二、例析地理特级教师专业核心素养的内涵

在地理特级教师专业核心素养指标体系中，师德师风品质是价值支撑，教育教学理念是实践指南，地理专业知识是奠基条件，地理教学能力是行动内核。下面结合 52 名地理特级教师的专业发展报告，对各指标的内涵进行案例式解读。

（一）卓越的师德师风品质

特级教师不仅是地理学科知识的传播者，更是教育理念的践行者。他们持有坚定的教育信念，对地理教育怀有深厚的感情与坚守，展现出卓越的专业气质。这种气质体现在对教育事业的热爱，对学生的关怀，以及对地理价值观的尊重与践行上。

1. 为人师表

"为人师表"是特级教师做人做事的基本准则，意味着教师不仅要在知识传授上尽职尽责，更重要的是要在道德品行、情感关怀、价值引导等方面成为学生的榜样。"其身正，不令而行；其身不正，虽令不从。"孔子的这句话就是强调教师自身行为的重要性，认为教师的正直品行无需命令，学生便会效仿；反之，如果教师自身行为不端，即使发出命令，学生也不会遵从。

江苏省谢延新老师以身体力行的躬耕态度诠释了"为人师表"的涵义，他说："敬业是一名好教师的精神张力、理念支撑，应甘于平凡，热爱自己的专业，勇挑重担。而勤业是教师兢兢业业、甘愿付出、严谨踏实、认真细致、讲究完美、追求精彩的工作态度。"[4]他通过自己的敬业、勤业，不仅传授了知识，更是以身作则，影响了一代又一代的学生。这说明，地理特级教师首先有高尚的品德，他们注重通过言传身教，成为学生模仿的榜样，引导学生形成正确的价值观和积极的人生观。

2. 关爱学生

"关爱学生"是特级教师教育活动中发生的最重要的关系，也是师德的灵魂，其范围是全体学生，核心是尊重学生人格，关键是做到对学生平等公正。2018 年，教育部颁布《新时代中小学教师职业行为十项准则》，明确规定"关心爱护学生"是教师的基本职责之一。教师不仅要关心学生的学业成绩，更需要在情感上给予支持，做到平等公正、严慈相济，成为学生的良师益友。

上海市杨士军老师从事教育工作 30 余年，始终以帮助学生成长和看到学生的成就作为对自己的回报，他认为："教育的根本使命一以贯之，即更好地促进人的发展。"[5]这说明地理特级教师对学生全面发展的重视，也反映了他们对教育事业深刻的价值追求，他们不仅关注学生成绩，更注重学生身心健康和全面发展，这也是地理特级教师获得职业幸福感的重要来源。

3. 从教信念

"从教信念"是特级教师职业生涯中的核心动力与精神指南，它保证教师在面对困难与挑战时坚守教育初心，激励教师在职业生涯中持续学习、不断进步。伏尔泰说"坚持意志伟大的事业需要始终不渝的精神"，教育事业作为塑造未来、培育人才的崇高事业，更需要教师坚定理想信念，砥砺前行，为推动我国教育事业繁荣发展贡献力量。

特级教师因信念而坚守，如上海市吴照老师在30 余年从教道路上，立足三尺讲台，以信念为指引，一生只做一件事，那就是做一名好老师，培养好学生。[5]再如，江苏省蔡珍树老师面对教学和科研中的挑战，表现出坚韧不拔的意志力，这种精神使他能够在困难面前不屈不挠，不断更新课堂教学呈现方式，持之以恒地追求卓越。[4]因此，地理特级教师对教育事业的深刻理解和执着追求是其成长的基石，他们坚信教育的深远意义，将教书育人视为崇高使命，这份信念支撑他们在教育改革的浪潮中不断探索和创新。

4. 潜心教研

"潜心教研"在教师人才培养过程中具有提升性和拓展性的重要作用。1993 年国家教委发布《特级教师评选规定》，提出"特级教师应不断地总结教育教学、教育科学研究等方面的经验"[6]。特级教师不仅在教学实践上拥有深厚的功底和丰富的经验，更在教育研究上有着不懈的追求和独特的见解，是学者型、研究型、专家型的教师。

几乎每一位特级教师均重视在行动研究中发展科研能力，并对推进地理教育研究做出较大贡献。他们积极参与地理课程改革，编写新教材，承担科研项目，发表高水平的学术论文，为地理教育理论与实践的创新做出了重要贡献。与此同时，他们还经常受邀进行学术讲座和教师培训，分享教学经验，推动地理教育创新发展。

（二）先进的教育教学理念

特级教师普遍将"为学生终身发展奠基"作为教育的核心追求，以先进的教育教学理念引领教学改革，不断锤炼专业能力。代表性的教育教学理念如下。

1. 生本主义思想

"生本教育"就是为学生好学而设计的教育，区别于为教师好教而设计的师本教育。[7]其核心在于让学生成为自主发展的主人，强调一切为了学生、高度尊重学生、全面依靠学生。地理特级教师作为地理教育的领军人物，具备生本主义教育思想是适应教育改革、促进学生全面发展、提高教学质量的必要之举。

江苏省朱雪梅老师在几十年的教学实践过程中深刻贯彻"以生为本"的理念，她认为生本育人应该做到"教育主体得到生命的尊重，课程目标以人的发展为本"，教师应该"为学生而教地理，而不是为地理而教学生。"[4]再如，江苏省沈国明老师秉持"以学生为中心"的教学理念，注重激发学生的学习兴趣，

采用情境教学、项目化学习等策略，让学生在探究中学习地理。[4]无一例外，特级教师在教育教学过程中均高度重视学生的主体性，选取以学生为主体、以问题为驱动、以任务为导向的探究性教学方式，将学生的全面发展放在首位，注重学生品德与终身发展的能力培养。

2. 建构主义思想

"我们所期望的教师不仅仅是一个讲授者，仅仅满足于传达现成的答案，而是善于激发学生主动探究未知事物的导师"，这是建构主义理论的主要代表人物皮亚杰对教师角色定位的理解。建构主义理论认为，学习是一个主动探索的过程，学生通过与环境的互动来构建新的知识结构。这意味着教师要从知识的传授者转变为学生学习的辅导者，进一步成为学生建构知识的引导者。

多位地理特级教师将建构主义作为教学改革的理论基础，提出适合学生思维发展的多种教学模型，指导学生进行地理认知的自我建构。如江苏省朱其山老师以建构主义学习理论为支撑，多年来潜心钻研，在教学中注重"问题链"设置，突出问题意识与对话意识[4]，成功地提高了自主学习的效能；朱雪梅老师则专注于地理思维建模的研究，将知识通过思维模式实现有意义的建构，在思维可视化的过程中培养学生的思维能力。[4]

3. 幸福教育理念

人生最高的目的是幸福，幸福是教育的终极追求。幸福教育的使命不仅是学习知识，更是让每个生命个体拥有幸福体验，促进其全面发展。具备幸福教育理念的特级教师一方面能够引导每个学生在高度的幸福感下全面发展，另一方面也在不断提高自己的职业效能感与满足感，成为一名幸福的地理教师。

树立教育的"幸福观"是江苏省李万龙老师构建幸福地理课堂的关键。他认为："幸福地理课堂是老师读懂学生的课堂，宽容学生的课堂，是学生有安全感的课堂；也是追求真、善、美的课堂。"[4]这说明，地理特级教师不仅能够把幸福作为一种有待于教、有待于学的情感内容，激发学生学习的兴趣和积极性，而且能够把幸福当作教育过程中师生双方的情感体验，实现学生幸福成长和自身职业幸福感的双赢。

4. 生活化教育理念

地理学是研究地理环境以及人类活动与地理环境相互关系的科学，与生产、生活紧密联系。因此，地理教育在提升国民地理素养、构建和谐人地关系和人类社会可持续发展中具有重要作用。特级教师深知地理教育的重要性，将生活化的教育理念融入教学实践，使学生增强生活感受力，具备爱护地球家园的生态意识，科学理性地生活与生存。

"生活化地理教育"是多位地理特级教师的主张。如，江苏省严侠华老师扎根生活实际，带领学生亲近自然，指导学生撰写"江风日记"；挖掘靖江江心洲等乡土地理资源，建立地理实践基地；开发校本课程"江风气象"，带领学生利用课本知识服务社会。[4]上海市姚伟国老师遵循"生活地理，理趣施教"的生活化教育理念，将地理课堂引入社区、搬进文化场馆。[5]可以说，绝大部分地理特级教师都注重将地理学习与生活紧密结合，通过创设真实的情境和体验，在实践探究中引导学生学以致用。

（三）精深的地理专业知识

"师者，所以传道授业解惑也。"教师是知识的传播者，扎实的地理专业知识对于地理教师而言具有奠基性的作用。

1. 人地协调观念

人地关系是地理学研究的核心主题，人地协调观是地理核心素养的基本价值观念。地理学科是"根"，人地协调观就是"干"，也是地理学科的脊梁，包括科学的人口观、资源观、环境观与发展观。只有教师对人地协调的基本概念与核心要素具有深刻的理解，学生才能形成正确的人地协调观，养成尊重自然、和谐发展的态度。

地理之美，根植于和谐的人地关系中，江苏省孙小红老师带领学生在课本中挖掘人地和谐之美，以跨学科的形式带领学生领略人与自然和谐相处的画面[4]；江苏省廖书庆老师挖掘家乡之美，引导学生发现人类活动与家乡环境的相互影响，他认为"现代地理教育的重点任务之一就是培养学生可持续发展的科学素养。"[4]因此，地理特级教师需要深刻理解人类活动与地理环境之间的相互关系，引导学生认识到人类与地理环境和谐共生的重要性，从而培养出具有可持续发展意识和行动力的学生。

2. 地理学科思维

依据《普通高中地理课程标准（2017 年版 2020 年修订）》，地理课程的目标是"通过地理学科核心素养的培养，从地理教育的角度落实立德树人根本任务"。地理学科思维是构成地理学科素养的灵魂，教师具备地理学科思维，方能更好地引导学生形成科学的地理观念和方法论。

地理教育的目标不仅在于传授知识，更重要的是培养学生的地理素养和思维能力。如上海市何美龙老师强调"地理教师要研究体现学科思维方法的教学，凸显学科的育人价值。"[5]总体看，地理特级教师非常重视学科的基本规范，倡导思辨理性的地理课堂，引导学生运用地理思维解决实际问题。他们还重视地理学科的育人价值，通过地理教学培养学生的人文关怀、国际视野和环境意识。

3. 地理实践能力

"读万卷书，行万里路"体现了理论结合实践的重要性。地理学是建立在实践考察基础上的学科，具有很强的实践性。随着课程改革的深入，新课标明确提出了地理实践力的培养要求，强调学生开展观测、考察、实验和调查等地理实践活动，培养意志品质和行为能力。这也对教师的地理实践能力提出了更高的要求。

特级教师比较注重在实践中积累地理原始素材，在此方面，江苏省蔡明老师是杰出的代表，她自1989 年开始行万里路，自费旅行考察，拍摄地貌景观，了解民风民情，到过中国最冷、最热、最干的地区，足迹遍布全球七大洲[4]，这些专业教学素材为她的地理教学注入了丰富的源头活水，也用自身的实践力量深刻地影响着学生。由此可见，地理特级教师不仅注重真实素材的积累，更善于引导学生在设计和实施地理实践活动的过程中反思学习，加深对地理环境及其与人类活动关系的理解，增强社会责任感。

4. 地图应用技能

地图作为地理学的第二语言，既是直观的教具，又是地理知识的载体，有助于学生形成地理空间概念，提高空间思维能力和地理实践能力。地理教师应充分重视地图应用技能的培养，提升地图表达素养、地图透视素养、地图动态素养以及地图文化素养[8]，采用探究式的地图教学方法提高学生读图、析图与绘图能力。

上海市周义钦老师在长期的教学实践中不断进行理论创新，根据地理学科的读图需要和学生思维的发展特点，积极探索出"创造思维读图法"的教学模式，形成其"以图导学"的教学特色。[5]再如，江苏省沈国明老师将"图导式教学法"作为其课堂特色，实现了教学内容图像化、教学形式问题化、教学手段多媒体化和教学过程互动化，将图像与地理知识融为一体。[4]总体看，地理特级教师往往能够在教学过程中灵活运用地图开展探究性活动，培养学生的地图素养与地理实践能力，彰显地理学科的独特魅力。

（四）精湛的地理教学能力

精湛的地理教学能力是地理特级教师必备的核心素养，他们普遍具有独特的教学风格和多元化的教学方法，并在教育教学理论上颇有建树。与此同时，他们具有较高的教学效能感，对自己的教学能力和效果充满信心，这种自信来源于不断地反思与实践、开拓与创新，也是坚定的教育信念与潜心教研的结果。

1. 生成性教学

"生成性教学"是"生本主义思想"导向下的教学行为方式，是地理特级教师普遍具备的教学特征，他们视学生为知识意义的主动建构者，能够根据学生的课堂互动状态及时调整预设和行为，关注课堂的动态生成。"生成性教学"的核心在于激发学生的内在动机和创造力，为学生提供个性化、创新性的学习支持，帮助学生发展解决问题的能力、批判性思维和创新能力，较好地体现了叶圣陶先生提出的"教师之为教，不在全盘授予，而在相机诱导"之教学观点。

特级教师擅长采取各种教学策略构建生成性的课堂，从而增强教学适应性、实现教学相长。如，江苏省沈茂德老师认为"教育是农业，不是工业"[4]，他善于走进孩子的心灵，适时、适事、适度地提供教育指导；朱其山老师通过问题引领生成[4]，以对话形式引导学生自主探究；李万龙老师善于利用课堂动态生成资源[4]，合理取舍，引导学生主导探究，创生学习成果。可见，特级教师对于课堂教学，不仅重视精心的预设，更重视学生精彩的生成。

2. 反思性教学

教学反思是教师专业发展的动力源泉与重要路径，有助于教师更好地认识自己的教学优势与不足，从而增强教学自信心和效能感。通过反思，教师可以更加清楚地了解哪些教学方法有效，哪些需要调整，从而提高教学质量。教学反思还可以有助于教师比对教学活动与教学目标的一致性，确保教学活动能够有效促进学生达到学习目标。"学而不思则罔，思而不学则殆。"孔子的这句话强调学习和思考是相辅相成的，只有将学习与思考结合起来，才能真正理解所学知识，并将其转化为自己的智慧。

江苏省朱雪梅老师根据多年的实践经验，从反思视角、反思内容和反思表达[4]三个方面系统建构了教学反思的基本逻辑，为改进教学提供了方法论；孙小红老师则从完整课堂、教学案例、教学高潮[4]三方面反思地理教学，不断修正问题，贴近教学目标。这说明，优秀的教育者始终秉持终身学习的理念，善于开展批判性的自我思考，勇于审视教学实践，以此促进学生与自身素养的不断提升。

3. 个性化教学

个性化教学强调以学生为中心，旨在根据每个学生的个性、兴趣和特长等因材施教，帮助学生充分发挥潜能，实现个性化发展，这是培养多元化、创新性人才的关键素养。每个学生都有自己的个性特长，特级教师善于根据学生的不同学识水平、认知能力和学习基础来设计具有层级梯度的教学目标，采用灵活多样的教学方法，借助智能终端、多元化评价等途径破解个性化教学的难题。

大多数特级教师都注重以学生为中心的个性化教学，如上海市向学禹老师擅长通过设计生动有趣的教学活动，如地理新闻发布、地理演讲会、地理小制作等[5]，激发学生的好奇心和求知欲，满足学生个性化的成长需要。特级教师还注重将课程开发作为教师服务学生个性发展的平台，如上海陈胜庆老师先后开发了6门学校课程[5]，为学生提供更多的选择权和自主权。

4. 数字化教学

特级教师是教育信息化的先行者，他们积极探索地理教学与信息技术的融合，利用数字资源和网络平台创建高效、互动的学习环境。部分特级教师还积极探索新技术在地理教学中的应用，通过地理信息系统（GIS）、虚拟现实（VR）等技术，实现教学内容的多媒体化和教学过程的互动化，使地理课堂更加活跃、高效。如上海市何刚老师能够熟练掌握 Macromedia Flash 等多媒体教学软件，开发《图行天下——自主学习国家地理》等地理教学软件[5]，以动态、交互的方式呈现地理知识，提高教学的直观性和趣味性。

相对其他专业素养而言，许多地理特级教师的数字化应用能力尚不突出。在国家加快教育数字化转型的背景下，地理特级教师须不断加强数字化教学的理论与实践研究，以生成式人工智能赋能地理教育，建构多主体互动的高质量课堂。

综合来看，地理特级教师的专业核心素养不仅体现在深厚的地理学识与教学技艺上，更体现在其对教育事业的热爱、对学生的关怀以及对地理教育价值的深刻理解与实践上。他们通过创新教学理念与方法，激发学生的探究兴趣，构建高效地理课堂，探索信息技术与地理教学的融合，为地理教育事业做出了卓越贡献。

三、对教育家型地理教师队伍建设的启示

习近平总书记于 2023 年 9 月致信全国优秀教师代表，对中国特色教育家精神进行了明确而深刻的阐释，这无疑为我国地理教师队伍建设，尤其是教育家型地理教师的培养指明了方向。地理特级教师作为教育领域的卓越教师，其核心素养指标体系的构建与解析，对于教育家型地理教师队伍的建设具有重大启示意义，应强化以下几方面的建设。

（一）坚定的政治站位与教育信仰

教育家型地理教师应具备坚定的政治信仰，忠于党和人民的教育事业，将教育事业的发展与国家发展大局紧密相连。地理特级教师的核心素养指标解析显示，他们不仅在专业领域深耕，更具备高尚的师德师风，在思想上与国家战略同频共振，这为教育家型地

理教师的培养提供了导向，强调了教师在新时代应具有的家国情怀与使命感。

（二）深厚的学科知识与专业素养

地理特级教师在地理学科知识的掌握上达到了很高的水准，他们能够融会贯通，将地理知识与社会发展、环境变迁紧密结合，展现出了卓越的教学能力和科研实力。这对教育家型地理教师的队伍建设启示，要重视教师的学科专业知识提升，鼓励教师深入研究地理学科的前沿理论，增强教学实践的深度与广度。

（三）创新的教育教学理念与方法

地理特级教师在教学中勇于探索，创新教学理念与方法，能够运用信息技术手段，如地理信息系统（GIS）、虚拟现实（VR）等，使地理教学更加生动、直观，提升学生的学习兴趣和地理素养。这启示教育家型地理教师应持续关注教育技术的最新进展，积极探索新技术在地理教学中的应用，以创新引领教学改革。

（四）广泛的教育影响与社会责任

地理特级教师不仅在课堂上发光发热，更要通过撰写著作、参与学术会议、开展研究工作坊、指导青年教师等多种方式，扩大其在教育领域的影响力，促进教师间知识共享、经验交流。教育家型地理教师的培养，应当注重教师的社会责任感，鼓励他们积极参与公共事务，努力建设以地理教师为主体的专业学习共同体，成为地理教育领域的引领者和发声者，积极推进地理课程改革。

（五）终身的持续教育与自我超越

地理特级教师的成长历程揭示，他们始终保持对教育事业的热爱，不断追求自我超越，将终身学习视为职业发展的内在动力。教育家型地理教师的培养，应强调教师的终身学习意识，鼓励教师在专业发展道路上持续探索，时刻关注国家教育需求、时代发展脉搏，通过专业引领、自我反思和同伴互助，不断提升个人的专业能力和教育智慧。

综上，如何将地理特级教师的实践经验系统化、理论化，形成可推广的专业发展模式，是值得深入探讨的问题。我们期待地理教育领域能涌现出更多具备深厚学识、创新精神和高尚师德的教育家型地理教

师，共同推动地理教育改革创新，为培养具有全球视野和创新能力的未来公民做出更大贡献。

参考文献：

［1］江苏省人民政府办公厅．江苏省特级教师评选和管理办法［EB/OL］.（2024-06-10）.

［2］曹宗清，赵德成．特级教师荣誉评选政策的内容分析［J］.中国人民大学教育学刊，2023（5）: 155-167.

［3］何齐宗，范维．特级教师专业核心素养的现状、特点与启示——基于江西省特级教师的调查分析［J］.课程·教材·教法，2024，44（3）: 140-146.

［4］沙润．著名特级教师教学思想录·中学地理卷［M］.南京：江苏教育出版社，2012.

［5］夏志芳，苏小兵．为学善纳慧融 立言登高望远——上海地理特级教师风采录［M］.上海：中华地图学社，2022.

［6］中国人民共和国教育部．特级教师评选规定［EB/OL］.（1993-01-10）.

［7］郭思乐．为学生好学而设计教育［J］.基础教育论坛，2016（18）: 1.

［8］陈乾，丁继昭．地图素养的核心构成及其课程与教学应对［J］.地理教学，2024（10）: 7-10.